THE
GIFT

礼 物

〔法〕马塞尔·莫斯 —— 著

李立丰 —————— 译

Marcel Mauss

本书译自以下版本：

Marcel Mauss, *The Gift:the Form and Reason for Exchange in Archaic Societies*, W.W.Norton & Company, 1990.

目 录

导 论 001
第一章 作为交换的赠予及回礼义务（波利尼西亚） 025
第二章 赠予机制的拓展：慷慨、荣耀与货币 071
第三章 古老法律与经济中相关原则的遗存 207
第四章 结 论 277

导 论

赠予及回礼的义务

引 言

下面，暂借收录于斯堪的纳维亚半岛传奇诗篇《埃达》(Edda)* 中的几节《哈瓦玛尔》(Havamál)**，以伺诸君。[1] 将其作为开篇引言，必使读者直接沉浸于思想

---

*《埃达》，一般是指古斯堪的纳维亚神话和史诗的合集，1643 年时由冰岛主教贝恩祖法·史云申所发现，后来贝恩祖法将其赠送给丹麦国王克里斯蒂安四世，因此得名《皇家手稿》(Codex Regius)。
下文相关汉译参考了［仏］マルセル モース『贈与論』，吉田禎吾、江川純一訳，筑摩書房 (2009)。——译注
**《哈瓦玛尔》是收录于《埃达》的《皇家手稿》中的教喻体诗篇，在中文世界又被意译为《高人的箴言》《主神奥丁之辞》《天主之言》《太上箴言》等。——译注

和事实的氛围之中,而我们的论述,也将由此展开。[2]

(三十九)

我从未见过如此慷慨之人,

宴饮宾朋貂裘换酒,

一掷千金亦不还求。

我也从未见过有人如此……[原文副词佚失]

处置财物。

接受回报反倒令其不快。[3]

(四十一)

以甲衣兵刃相赠,

我们彼此取悦。

每个人都[从自己的经验中]深刻体悟,

互通有无者,

才能携手写就最长久的友情,

如果一切顺利的话。

(四十二)

如是挚友,

需彼此,

以礼相赠;

定会，

以对方之乐为乐，

以对方之忧为忧。

(四十四)

如你所知，谓友人者，

须值得托付。

若想友情天长地久，

实须彼此情投意合，

以礼相赠，

时常探访。

(四十四)

但如果有人［原文如此］，

不值得你信任，

若想全身而退，

须对其虚与委蛇，

绝不可推心置腹。

欺我者，我必诈之。

(四十六)

为人处世之道，

令你不信者，

心性情感令你生疑者，

须笑脸相迎，

言不由衷，

与其交往应有礼必回、分毫不差。

（四十八）

志士豪杰，

风流一生，

无所畏惧。

懦夫孬种，

唯唯诺诺，

吝啬之辈，更是谈礼物色变。

卡恩*先生还向我们推荐了第一百四十五节

（一百四十五）

最好不要乞求［获得］，

超过［对诸神］献祭的赐予。

送礼必然期待回报，

---

* 莫里斯·卡恩（Maurice Cahen，1884—1926），法国语言学家，专门研究斯堪的纳维亚语。——译注

最好不要提出任何要求,

而不是为了得到之故付出太多。

提　纲

开宗明义。在斯堪的纳维亚文明,以及另外一些文化体系中,交换和契约都以"赠予"的形式出现。在理论上,这悉属自由自愿;在现实中,赠礼以及回礼却是应为而必为。

本书实为更宏大研究之一部。此去经年,我们的注意力一直集中于在所谓的原始经济社会或古老社会中各个部门或单元之间运作的合意法律制度及经济"提供"（Service）*

---

* Service 为权威英译本中选用之词。其他中译本,如商务版汲喆译本使用的是"呈献",其根据是法语中 présentation,词根为拉丁语 præstare。虽然汲喆坦言该拉丁语的本意即为"提供""给予",但为了涵盖莫斯所描述的各种事实,体现所谓"总体的社会现象"的复杂含义,且与所谓回献对应,故翻译为"呈献"。参见 [法] 马塞尔·莫斯:《礼物——古式社会中交换的形式与理由》,汲喆译,商务印书馆 2019 年版,第 6 页脚注①。而日译本中将其意译为日文汉字"给付",参见 [仏] マルセル モース『贈与論』,吉田禎吾、江川純一訳,筑摩書房（2009）,第 9 頁。对于相关概念的汉译,笔者认为最好采取谦抑原则,也就是说,尽可能音译,以最大化保留原文信息。如果必须汉译,也最好不要造词。综合该词的法语原文、英文表述以及拉丁语词根,本书选择了"提供"这一译法。——译注

体系。其中包含了大量繁复事实，本身庞杂异常。这些事实交织互动，构成了先于我们存在的社会（甚至可以一路追溯到原始社会）的完整生活样态。在这些被称为"全体的"（total）社会现象中，同时表现为宗教、法律和道德的各类机制，都与政治和家庭有关；同样，经济机制存在的前提在于特定的生产和消费形式，或者更确切地说是实现"全体提供"（Total Services）的方式和分配方式。这还没有考虑上述事实所导致的审美现象，以及相关机制所显示之现象的形态。

在如此复杂的主题以及处于不断变化状态的社会"事物"的多样性中，本书只寻求研究其中一个深入但孤立的特征：全体提供的所谓自愿性质，看似自由无私，实则处处受限且追逐私利。几乎所有这些提供，尽管是出于假装礼貌、形式主义和社会欺骗，并且确实受到限制且追求私利，也都是通过交易的形式慷慨地赠送礼物来实现。虽然本书将详细说明将这种现象适用于必要的交换形式（即社会本身的劳动分工）的各种原则，但仅深入探究其中之一。在蒙昧时代或古老社会中，究竟是何种律法及私利规则，迫使接受礼物馈赠的一方必须给予回报？礼物中蕴含着什么力量促使接受赠予者必须加以报答？这便是本书在谈及诸多问题时特别关注的焦点。我们希望借由大量事实研究，能够对此问题加以回答，并为相关问题的解决指明进路。本书还将直面其他全新问题。其中一些涉及合意道德的固有形式，也就是说，涉物法，即使在今天仍然和涉人法密切相关。另外一些问题涉及的形式和理念，至少在一定程度上，一直主导着交换行为，甚至部分补充了个人私利的概念。

因此，本书旨在达成双重目标。一方面，就化外之地以及古老社会中人类交易的性质，得出某种考古学意义上的结论。我们将描述不同类型社会中的交换和契约现象，而这些社会并非如人们所声称的那样缺乏经济市场。在我们看来，市场作为一种人类现象，对任何已知社会来说都不算陌生，只不过这些社会的交换制度与我们的不同而已。我们将见证，在这些社会中，市场在交易者制度及其主要发明——货币——出现之前的原始样态。我们将看到在闪米特、古希腊、希腊化（Hellenistic）和罗马等时期所谓现代类型的契约及买卖形式诞生之前，以及在铸币及纸币出现之前，市场是如何运作的。我们还将体味在此类交易中发挥作用的道德和组织因素。

我们将注意到，这种道德和组织因素，仍然一如既往地润物无声，在我们所处的社会中发挥作用。可以相信，在这一点上，我们找到了人类社会赖以建立的人性基础之一，能够就我们自身的法律和经济组织所面临之危机而造成的某些问题得出若干道德结论。我们将就此止步。毕竟，这番关于社会历史、理论社会学、道德原则以及政治和经济实践问题的论述，只是引导我们以不同的形式再次提出那些历久弥新的经典问题。[4]

方　法

本书采用了精确比较的方法。首先，一如既往，我们的研究主题只限于特别选定的地区（波利尼西亚、美拉尼西亚、美洲西北部），以及若干重要法律体系。其次，我们自然只选择了可以通过文献和语义学研究接触到的社会本身的法律体系。这样一来，我们需要面对的便只是文字和思想。这样一来，再次限缩了比较的范围。最后，本书致力于逐一且完整地描述那些不同的体系。也就是说，我们放弃了那种大杂烩式的持续比较模式，否则，相关机制将失去其特有的地方色彩，相关文献亦会丢掉自身彰显的特殊风情。[5]

全体提供中的提供：
赠予与"波特拉奇"

本研究是戴维*和我长期从事的一系列关于古代契约形式研究的组成部分。⁶ 因此，有必要在此对相关研究稍加总结。

显然，无论是在一个与我们相当接近的时代，还是在有些尴尬地被归为原始或落后的社会之中，都不可能存在任何类似于所谓"自然"经济的机制。⁷ 存在一种奇怪但经典的谬误，将库克船长笔下波利尼西亚人之间的交换和易货视为自然经济的典型样态。⁸ 而现在，本书打算研究的正是这些波利尼西亚人。我们将

---

* 乔治·戴维（Georges Davy, 1883—1976），法国社会学家。——译注

看到他们在法律和经济学意义上距离自然状态究竟有多远。

在我们之前的经济和法律体系中，很少有人能在个人达成的交易中找到简单的商品、财富和产品交换。首先，将交换和契约义务强加给彼此的不是个人而是集体。[9] 缔约方是法律实体：氏族、部族和家族。他们要么在同一地点集体会面，要么通过他们的首领来联系彼此，要么同时以这两种方式相互接触。[10] 此外，他们交换的不仅仅是物品和财富、动产和不动产以及经济上有用的东西。尤为值得一提的是，宴会、仪式、从军、妇女、儿童、舞蹈、节庆和集市，凡此种种，皆是礼仪的呈现。经济交换只是其中的一个要素，而财富的传递更只是普遍和持久的契约特征之一。最后，尽管归根结底这些全体提供和回礼提供（counter-services）具有严格的强制性，违者将导致私力救济或公共冲突，但在某种程度上，这又是通过赠礼及回礼的自愿形式来呈现。在此，我姑且提出应将之称为"全体提供体系"。在我们看来，此类机制最为纯粹的类型，可以通过北美太平洋地区原住民部落中的两支胞族*联盟来代表。其中，仪式、婚姻、继承、规则乃至个人利益关系、军事和神职等级，简而言之，一切的一切，均互为补充，仰仗于隶属同一部落的两大分支之间的合作。例如，竞技比赛，就是由两支胞族共同组织。[11]北美的特林吉特人（Tlingit）**和海达人（Haïda）***通过宣称"两支胞族互相尊重"，有力揭示了这种规矩的本质。[12]

在这两个群体乃至整个美洲西北部地区，出现了一种十分罕见，同时又高度发达的"全体提供"现象。我

---

* 胞族是氏族与部落的中间环节，由几个有共同祖先或者被认为有共同祖先的氏族组成，并且由几个胞族组成部落。一般认为，胞族往往是由一个祖先氏族分裂而成的。有些部落没有胞族这个中间环节，直接由氏族组成部落。胞族作为中间环节，其内部凝聚力不如部落和氏族强，人们往往强调自己的氏族和部落而忽略胞族。有的胞族成员部落之间可以相互通婚，有的则不可以。如古希腊的胞族内（氏族外）可以通婚，而易洛魁的胞族内则不可以。——译注

** 特林吉特人是北美洲太平洋西北海岸原住民的一支，他们自称为"潮汐之人"，是在阿拉斯加东南部的温带雨林中发展出来的母系氏族。——译注

*** 海达人是生活在西北太平洋地区的美洲原住民，主要生活在加拿大的不列颠哥伦比亚省和美国的阿拉斯加。——译注

们建议将这种形式称为"波特拉奇"（Potlatch）*。美国学者所使用的这个支奴干人（Chinook）**词汇，已经融入生活在温哥华至阿拉斯加一带的白人和印第安人的日常语言。"波特拉奇"这个词的基本意思是"喂养""消耗"。[13]这些部落相当富有，一般聚居于岛屿、海岸或落基山脉和海岸之间的地区。一到冬季，他们便会持续不断地欢度节庆、举行宴会和组织市集，而这些活动，都算是部落的庄严仪式。部落由等级森严的组织和秘密社团组成，后者经常被人与前者混淆，就像将其与氏族搞混一样。所有的一切——氏族、婚姻、成年、萨满、跳神、图腾崇拜、氏族集体或个人祭拜先祖——都被编织成不可分割的仪式网络，对应一套完整的法律和经济

＊ "波特拉奇"在其他中文出版物里的译法包括"散财宴""夸富宴"等，考虑到莫斯本人在后文中对此概念的解读，本着谦抑原则，本书并未对之加以意译，而是采用音译。值得一提的是，本书参考的日文译本也基本上采取了同样的音译，如［法］マルセル モース『贈与論』，有地亨訳，勁草書房（1962年、新装版2008年ほか）；以及［法］マルセル モース『贈与論』，吉田禎吾、江川純一訳，筑摩書房（2009）。——译注

＊＊ 支奴干人包括多个使用支奴干语的北美太平洋西北海岸原住民群体。关于"支奴干"之名的来源存在多种说法。有观点说它来自奇黑利斯语的Tsinúk，即"吃鱼的人"。它亦可以指"强大的战士"。——译注

提供网络,以及个体在社群、部落、部落联盟乃至不同部落之间的政治等级地位。[14] 然而,值得注意的是,在这些部落的相关做法中普遍存在着竞争和敌对原则。有时,争斗乃至杀害的对象甚至包括首领和显贵。此外,他们甚至不惜将此前为了压倒作为竞争对手的首领及其同伙(通常是首领的祖父、岳父或女婿)而积累起来的财富挥霍殆尽,纯粹就是为了炫耀。[15] 全体提供的意义,事实上是通过首领个人,代表氏族的所有人,为其拥有的一切以及所做的一切订立契约。但首领的这种"提供"行为具有极其显著的竞争属性。这在本质上属于攫取高利行为,因此倾向于禁止铺张。[16] 作为部落上层之间的争斗,其目的在于建立各自之间的等级制度,以使其所代表的氏族日后从中受益。

7 我们建议继续使用"波特拉奇"来形容上述机制,这样风险更低、准确性更高,但也可以用更长的词组,称之为:竞争型的全体提供。

到目前为止,除了在美洲西北部[17]、美拉尼西亚和巴布亚的部落中,我们在其他地方几乎找不到此类机制的任何例子。[18] 在我们看来,非洲、波利尼西亚、马来半岛、南美洲和北美其他地区,作为氏族和家庭之间交换基础的行为,似乎也可以被理解为某种更为基础的全体提供模式。然而,更为详尽的研究表明,在这些交换之中存在相当多的中间形式,既不是如美洲西北部和美拉尼西亚等地部落所采取的异常激烈的竞争乃至财富毁灭模式,也并非像其他地方那样,虽然采用了看似温和的形式,但签订合意的双方寻求在赠礼的丰厚程度上压倒对方的形式。同样,连我们自己都仍在致谢、宴会、婚礼甚至简单的请柬上相互攀比。正如德国人所说的那样,当代人仍然觉得有必要"一报还一报"(Revanchieren)[19]。在古代印欧世界,特别是在色雷斯人中,可以发现类似的中间形态。[20]

上述法律和经济形态包含着各种各样的规则和理念。在这些精神机制中,最重要者显然是收到礼物的人有义务给出回报。现在来看,这种约束的道德和宗教原因在波利尼西亚体现得最为明显。下面,本书将开展详细研究,以厘清究竟是什么力量促使一个人投桃报李,通过回馈自己所收到的赠予,在事实上履行了合意。

注　释

¹ 瑞典经济学家古斯塔夫·卡塞尔（Gustav Cassel）在其所著《社会经济学原理》（*Theory of Social Economy*）卷二中为我们引用了这段文字。斯堪的纳维亚地区的学者显然熟悉他们民族古代历史的这一特点。

² 莫里斯·卡恩（Maurice Cahen）慨然将这段诗篇节选译成法文。

³ 这一节诗意模糊，特别是第四行中还缺少副词，但正如通常所做的那样，如果用一个表示"大方地"或"奢侈地"的副词来加以填补脱漏的部分，其大意还是清楚的。同样难以理解的，还包括第三行（to receive would not be received）。对此，卡塞尔的翻译是："拒绝接受别人给予的东西"。相比之下，卡恩选择了直译。在他写给我们的信中如是说：此句表达含糊不清。

有些人将其解读为:"受之于人令其不悦"。另一些人则解释为:"收到礼物并不意味着回报的义务"。当然,我们倾向于第二种解释:"尽管缺乏古斯堪的纳维亚语方面的专业知识,但我们还是大胆提出了另一种解释。很明显,这个表达对应古语中类似于'舍即是得'(to receive is receive)之类的表述。如果这一前提成立,那么可以将其理解为暗示宾主各自的精神状态。双方都应该慷慨好客,馈赠礼物,看起来根本不求回报。然而,无论宾主,皆会笑纳对方给予的全部礼物和提供,因为这代表财物,也是加强双方契约关系的一种手段,可被视为契约不可分割的一部分。"

对我们来说,这些诗行中分明蕴含着某种古早意涵。每一节的结构类似,看似古怪却无比清晰。在每一节中,都包含一句作为核心的传统法谚:"一掷千金亦不还求"(第三十九节),"才能携手写就最长久的友情"(第四十一节),"以礼相赠"(第四十二节),"实须彼此情投意合、以礼相赠"(第四十四节),"吝啬之辈,更是谈礼物色变"(第四十八节),"送礼必然期待回报"(第一百四十五节)等,堪称名副其实的谚语集锦。每条箴言,或规则,又嵌入在阐发性的解释之中。因此,这里不仅存在非常古老的文学,更存在非常古老的法律。

[4] 本文未有机会借鉴 Burckhard, *Zum Begriff der Schenkung*,

p. 53 ff，然而，就英美法而言，我们意图澄清的内容，得到了波洛克（Pollock）和梅特兰（Maitland）所著《英国法律史》(*History of English Law*, vol. 2, p. 892) 的印证："礼物一词，包括买卖、交换、抵押和租赁等含义。""无偿提供不具律法上的强制力。"（参见 ibid, p. 12, ibid, pp. 212-14）。日耳曼人嫁妆的问题，参见 Neubecker (1909), *Die Mitgift*, p. 65 ff。

[5] 这些文献对专门研究者来说可谓必不可少。

[6] G. Davy (1922), 'Foi jurée', *Travaux de l'Année Sociologique*；相关参考文献信息，参见 M. Mauss (1921), 'Une forme archaïque de contrat chez les Thraces', *Revue des etudes grecques*; R. Lenoir (1924), 'L'Institution du Potlach', *Revue Philosophique*。

[7] M. F. Sondo (1909), *Der Güterverkehr in der Urgesellschaft* (Institut Solvay)，对这些事实进行了很好的讨论，并提供了一条线索（p. 156），即他开始选择走与我们相同的研究进路。

[8] Grierson (1903), *Silent Trade*，已经提出了必要的论据来消除这种偏见。类似观点亦参见 von Moszkowski (1911), *Vom Wirtschaftsleben der primitiven Völker*，虽然他将盗窃视为一种原始现象，并最终将获取某种物品的权利与盗窃混为一谈。关于毛利人的事实的详细阐述见 W. von Brun [sic] (1912), *Wirtschaftsor-*

ganisation der Maori（Lamprecht's contribution, p. 18），Leipzig，其中一章专门讨论交换。关于被认为是原始的民族经济的最新研究如下：Koppers（1915 – 16），'Ethnologische Wirtschaftsordnung'，*Anthropos*，pp. 611 – 51，971 – 1079。其对所持学说的阐述，堪称精辟，但在其他方面偏于诡辩。

[9] 在最近出版的研究成果中，我们发现澳大利亚的土著部落之间，特别是在死亡的情况下，存在受到某种规制的"全面提供"。特别是，这种提供不再仅仅局限在氏族和胞族。北领地（Northern Territory）的卡卡多人（Kakado）在二次安葬之后会举行第三次葬礼。在这个仪式上，这些人开始进行一种司法调查，以确定，至少名义上，是谁通过巫术造成了死亡。但与大多数澳大利亚部落的情况相反，他们没有借此大肆仇杀。男人们的行动仅限于将他们的长矛收集在一起，并计算出他们想要什么作为交换。第二天，这些长矛被其他部落［比如乌莫留人（Umoriu）］拿走，而这些武器被送到营地的目的是完全清楚的。在那里，长矛按照主人的身份成堆摆放，根据双方默契的价码，需要的物品放在这些长矛堆的对面。然后一切都被带回卡卡多部落［Baldwin Spencer，(1914) *Tribes of the Northern Territory*，p. 247］。鲍德温提到，这些物品可以再次与长矛交换，对此事实我们尚不十分清楚。相反，他发现很难把握这些葬礼

仪式与交换之间的联系,他补充说,当地人不知道原因。然而,这种习俗是完全可以理解的:在某种程度上,作为根据规则达成的一种司法解决办法,交换取代了仇杀,并成为部族间市场的起源。在澳大利亚,这种物品交换同时也是在哀悼中交换和平与团结的承诺,通常发生在相互联系和婚姻关系密切的宗族和家庭之间。唯一的不同是,现在这种习俗已发展成为部落之间的习俗。

[10] 晚近的诗人品达(Pindar)撰写的诗歌(*Olympic*, 8, 4),依然通篇充斥着下文即将描述的法律状态。财富、婚姻、名誉、恩惠、联盟、共享的食物和神圣的琼浆,甚至是婚姻引起的嫉妒,都在文章中以值得玩味的表达方式表现出来。

[11] 参见 the Omaha: Alice Fletcher and La Flesche (1905-6) 'Omaha Tribe', *Annual Report of the Bureau of American Anthropology* 27: 197, 366。

[12] Krause, *Tlinkit Indianer*, p. 234 ff, 清楚地意识到了他所描述的节庆和仪式的这一特点,但并没有称之为"波特拉奇"。Boursin, in Porter (1900), 'Report on the Population…of Alaska', in *Eleventh Census*, pp. 54-66, and Porter, ibid, p. 33。事实上,他在被其称为"波特拉奇"的互动中觉察到了这种相互炫耀的特征。但最为明晰的强调,参见 Swanton (1905): 'Social

Conditions of the Tlingit Indians', *Annual Report of the Bureau of American Ethnography*, 26: 345, etc.。本文作者的相关考察，参见 *Année Sociologique* 11: 207 以及 G. Davey (1922),'Foi jurée', p. 172。

[13] "波特拉奇"一词的含义，参见 Barbeau (1911) *Bulletin de la Société de Géographie de Québec*, and Davey, p. 162。然而，在我们看来，其所提出的含义并不是原来的含义。事实上，博阿斯（Boas）在克瓦基乌特语而不是在支奴干语中发现了 Potlack 一词，真实含义正是"喂食者"，而其字面含义为"饱食之地"：*Kwakiutl Texts*, second series, Jesup [sic] Expedition, vol. 10, p. 43, n. 2; 亦参见 ibid, vol. 3, pp. 255, 517 under the heading *PoL*。但"波特拉奇"的两个含义，即"礼物"和"食物"并不相互排斥，因为至少在理论上，"全面提供"的基本形式与营养有关。关于这一含义，见第二章相关部分。

[14] 关于"波特拉奇"法律层面的研究，参见 Adam, *Zeitschrift für vergleichender Rechtswissenschaft*, from 1911 onwards, and the *Festschrift*, Seler (1920), 以及 Davy (1922),'Foi jurée'。"波特拉奇"的宗教和经济层面同样重要，应当彻底地给予同样对待。所涉人员的宗教属性以及交换或销毁的物品的宗教性质，确实与契约的性质无关，更不用说赋予它们以价值了。

[15] 海达人称之为将财富"置于死地"。

[16] 参见 Hunt's documents in Boas, 'Ethnology of the Kwakiutl', *Annual Report of the Bureau of American Ethnography*, 35, 2: 1340, 在这份报告中,我们可以看到一段关于族人如何向首领介绍其对"波特拉奇"的贡献的有趣描述,以及一些非常有趣的闲聊。特别是,首领说,"因为这不是以我的名义。它将以你的名义出现,当有人说你将你的财物用于'波特拉奇'时,必将在各部族中扬名"。(p. 1372, line 34 ff.)

[17] 事实上,"波特拉奇"的适用范围已经超出了北美西北地区部落的范围。特别是,人们必须考虑阿拉斯加爱斯基摩人的"请求节"(Asking Festival)是否仅仅照搬自临近印第安部落。参见 Ch. 1, n. 45, p. 93。

[18] 相关评论,参见 *Année Sociologique* 11: 101; 12: 372-4, and *Anthropologie* (1920) (report of the sessions of the Institut Français d'Anthropologie)。关于南非"波特拉奇"的介绍,参见 Lenoir (1924) ('Expéditions maritimes en Mélanesie', *Anthropologie*, September)。

[19] 这一概念的使用,参见 M. Thurnwald (1912), *Forschungen auf den SalomoInseln* vol. 3, p. 8。

[20] Mauss, M. (1921), *Revue des études grecques*, vol. 34.

第一章

作为交换的赠予及回礼义务
（波利尼西亚）

一、
"全体提供""母方财物"* 及"父方财物"**(萨摩亚)

曾几何时,在研究广义的契约型赠予时,波利尼西亚一度被认为并不存在"波特拉奇"现象。在波利尼西亚,与"波特拉奇"最具可比性的,莫过于所谓"全体提供"体制,即不同氏族之间集全部人力物力共同举办婚丧嫁娶等仪式活动,由此而结成的永久契约。进而,在萨摩亚发现的氏族首领参加婚礼时交换装饰性席垫的非凡习俗,也没有超出上述层级范畴。[1]

---

* 法语词汇"utérin"严格地说系指同一母亲但不一定是同一父亲的子女,对应的英文"maternal"可译为"母亲一方的","maternal goods"也因此可译为"母方财物",指母亲一方传递给这类子女的财物。——译注

** 法语词汇"biens masculins"对应的英文为"Masculine goods",即所谓"父方财物",指父亲一方传递给子女的财物。——译注

"全体提供"体制,同样缺乏竞争、破坏和打斗等元素,至于美拉尼西亚的情形则与之不同。最后需要强调的一点是,并无太多事实材料可供挖掘。而这意味着对我们的上述事例无须太过苛求。

首先,萨摩亚的契约赠予制度远远超出了婚姻的范畴。赠予,往往伴随着以下事件发生:生子[2]、割礼[3]、患病[4]、及笄[5]、葬礼[6]、交易[7]。

接下来,可以清楚地区分"波特拉奇"的两大基本要素:财富赋予的名誉、威望和"脸面"(*mana*)[8];以及以丢掉脸面和权威的痛苦为担保的回报义务——脸面和权威本身就是财富的护身符和发源地。[9]

一方面,诚如特纳[*]所言:

> 在庆祝分娩的活动之后,新生儿的父母接受并回赠了"奥洛亚"(oloa)和"汤加"(tonga)——换言之,即父方和母方财物——他们并没有变得比此前更加富有。但是,主家却十分满意,他们感受

---

[*] 乔治·特纳(George Turner,1818—1891),英国传教士,作为最早来到萨摩亚的传教士之一,他出版了第一本关于萨摩亚土著人的研究报告。——译注

到了一种莫大的荣耀：因为儿子的出生，大量的财产齐聚一堂。[10]

另一方面，赠予可以是强制性的、永久性的，除相关法律身份之外，不需要反过来提供任何回报。因此，如果父亲的姐妹及其丈夫（孩子的姑父）领养他们的侄子并抚养成人，则这个孩子将被称为"汤加"，即母方财物。[11]

> 如此一来，这个孩子，就成为他的家庭内部的财物（即"汤加"）源源不断地流往寄养家族的通道。[12]此外，在孩子有生之年，他的生身父母也可以从收养孩子的家庭那里获得父方财物（即"奥洛亚"）。

> 这种（自然纽带的）牺牲，有助于在父母双方家族之间建立一种简便的内外财物交换机制。

简言之，属于母方一方的孩子，被视为母方亲属与父方亲属交换物品的渠道。值得注意的是，与姑父共同生活的侄子显然有权住在那里，因此对姑父的财物拥有一般权利。这种"寄养"制度似乎与美拉尼西亚地区的外甥对其舅父财物享有的公认权利非常接近。[13]对其而言，唯独缺乏的是"波特拉奇"竞争、打斗和破坏等特征。

然而,关于上面提到的两个术语"奥洛亚"和"汤加",本书着重关注后者。"汤加",即具有特殊指向性的永久性财物,特别是结婚时首领赠予的席垫[14],以及由妻子带入新成立的家族并有义务归还的装饰品和护身符,由这段婚姻关系中的女儿继承。[15]简言之,"汤加"是一种不动产,出于其存在之目的而不可移动。"奥洛亚"[16],专指属于丈夫的物品,主要是工具,基本上是可移动的物品,即"动产"。因此,现在这个词还被用来指白人留下来的东西。[17]显然,这属于该概念晚近发展出来的衍生含义。可以把特纳的翻译——"奥洛亚"等同于外国货,"汤加"等同于本地货——暂且搁置起来。这显然是不正确且不充分的,但并非完全没有意义。因为这至少表明,被称为"汤加"的某些物品与土地[18]、氏族、家族和个人的联系,远比被称为"奥洛亚"的某些其他物品更为密切。

然而,如果扩大我们的观察范围,"汤加"的概念立即呈现出另一个维度。在毛利语、塔希提语、汤加语和曼加雷万语(甘比亚语)中,"汤加"意味着一切可以恰当地被称为财物的东西,使人富有、强大和有影响力的东西,以及一切可以交换和用作补偿他人的东西。[19]"汤加"特指珍贵的物品、护身符、徽章、席垫和神圣的偶像,有时甚至指传统、邪教和巫术仪式。本书将护身符与作为财物的概念联系起来。我们确信,这一概念在马来语和波利尼西亚语世界,甚至整个太平洋地区,都是普遍存在的。[20]

二、

赠予物品的"灵"(毛利)

上述观察结果让我们认识到一个非常重要的事实:至少在毛利人的法律和宗教理论中,"汤加"与个人、氏族和大地存在着密切的联系,可被视为脸面、巫术、宗教和精神力量的载体。乔治·格雷爵士[21]和戴维斯[22]有幸记录过一句谚语,"凡收'汤加'者,必遭其祸,终毁之"。因此,在法律特别是互惠义务无法得到遵守的情况下,"汤加"的确蕴含着这种黑暗的力量。

英年早逝的故友赫兹*意识到了这些事实的重要性。令人感动的是,无私的他为此慨然制作卡片,并在上面

---

* 罗伯特·赫兹(Robert Hertz,1881—1915),法国人类学家,曾在莫斯帮助下撰写博士论文,"一战"时战死疆场。——译注

写下了"献给戴维与莫斯"。卡片的内容是,科伦索[23]说:"他们(新西兰当地土著)奉行一种交换制度,更确切地说是一种送出的礼物必须有所回报或者干脆原物送还的赠予制度。"例如,送出鱼干,换回腌制的禽鸟或编织的席垫。[24] 所有这些都是在部落或"交好的家族之间交换,没有任何硬性规定"。

但后来我在赫兹的记录中还发现了一段话,戴维和我当初显然忽视了这段话,起码我本人对此难辞其咎。

埃尔斯顿·贝斯特(Elsdon Best)* 口中最好的毛利向导——塔马蒂·拉奈皮里(Tamati Ranaipiri)——完全偶然但不偏不倚地为我们提供了解决问题的钥匙[25],这便是"昊"(hau),即万物之灵,特别是其中所涉的林兽禽鸟代表的精神。

> 我跟你讲述的,是有关"昊"的事情……昊不是风的嚎哮,根本不是。让我们假设你拥有特定的物品,即所谓"汤加",然后你把这个东西给了我。你把它给了我,但却没有定价。[26] 现在,我把这个物

---

* 埃尔斯顿·贝斯特(1856—1931),民族志学家,对新西兰毛利人的研究做出了重要贡献。——译注

品交给第三方,一段时间后,他决定给我一些东西作为回报,即"无图"(utu)。[27]他赠予我一些东西,即"汤加"。如此一来,他给我的这个"汤加",被视为是我从你那里得到的,也是我给他的"汤加"的灵,就是"昊"。我因为(来自你)这些"汤加"收到的"汤加"必须归还给你。对我来说,第三方回赠的"汤加",无论是"罗维"(rawe),即我所想要的,抑或"基诺"(kino),即我不想要的,自己留下都是不"蒂卡"(*tika*),即不公平的。我必须把这些东西给你,因为它们是你给我的"汤加"的一部分。[28]如果我将第三方回赠的"汤加"据为己有,就可能会受到严重伤害,甚至死神的谴责。这就是"昊",个人财物的"昊","汤加"的"昊"乃至森林的"昊"。就此足矣(*Kati ena*)。

这一具有重要意义的文本值得稍加评论。虽然是纯粹的毛利语,仍渗透着宛如"密室"般含糊不清的神学和司法精神,总体上却又令人惊讶地清晰明确,只是关于介入的第三方语焉不详。然而,想要充分理解这位毛利司法专家的箴言,只需说:

"汤加",以及所有严格意义上被称为个人物品的东西,都拥有"昊",即某种精神力量。你给我一个"汤加",我把它转赠给第三方,其又报之以礼。我赠予给他的礼物所蕴含的"昊"迫使他必须行礼如仪。而我,就自己而言,不得不把从第三方收到的东西再转赠给你。我必须这样做,这就是你的赠礼中"昊"蕴含的力量。

如此解释,"昊"的概念不仅变得清晰,更成为理解毛利法律的关键理念之一。收受的赠予和交换的礼物身上附带着义务,因为收到的东西是灵动而活跃的。即使是赠予者弃之不用的物品,依然蕴含着原物主的某些权利。通过它,赠予者控制了受益人,就像作为其所有者,通过该物品控制了小偷一样。[29]这是因为"汤加"受到森林、原野和土壤的"昊"的滋养才焕发生机。而"昊"的天生属性是同任何拥有相关物品("汤加")的人如影随形。[30]

"昊"的传递,不仅及于首个接受者,根据情况,可以传导至第三方,乃至此后任何一个仅仅介绍该赠予物品("汤加")的人。[31]事实上,"昊"希望能够返回其

"诞生地",回归到森林和氏族的庇护所,回归到最初的主人那里。"汤加"或其上附着的本身具有某种个体特征的"昊"[32],一直依附于这一链条传导,直到这些用户通过宴会、节庆和赠予礼物等方式,回报以同等或更高价值的财物、"汤加"、商品、劳动或贸易。这反过来让后来这样做的赠予者对首个赠予者享有某种权威或权力,因为如此一来,第一个赠予者已成为最后一个受赠者。这在萨摩亚和新西兰,似乎成为主导财富、祭品和礼物强制性循环流通的关键理念。

这一事实揭示了波利尼西亚乃至该地区以外两个重要的社会现象体系。首先,我们可以把握通过物品传递而产生的法律联系的性质。在探讨这些事实如何有助于义务的一般理论时,我们会回到这一点。然而,就目前而言,很明显,在毛利部族中,法律纽带,因事而生,是灵魂之间的纽带,因为事物本身拥有灵魂,更是灵魂的纽带。因此,给某人送礼物,就是给自己的某个部分送礼物。其次,我们可以更好地解释礼物交换的本质,以及我们所谓的"全体提供"的本质,其中便包括"波特拉奇"。在这个观念体系中,每个人都清楚而合乎逻辑地认识到，必须把自己灵魂和物质的一部分归还给另一个人，因为接受某人的东西就是接受他的精神实质以及灵魂的一部分。留存这些物品将是危险和致命的，不仅因为这样做违反法律和道德，而且因为这些都来自于人，那些实体、那些食品[33]、那些货物，无论是动产还是不动产，女人或后代，仪式或交换的行为，不仅在道德上，而且在身体和精神上，都对你产生了一种巫术或宗教式的控制。最后，赠予的对象并非没有活力，而是被赋予了个体化的生命，会寻求回到赫兹口中所谓的"诞生地"，或者代表其所归属的氏族与乡土，挣得某种等价的替代品。

三、
其他主题：
赠予的义务与接受的义务

要完全理解"全体提供"和"波特拉奇"机制，还得对作为前者补充的另外两个要素予以进一步挖掘。"全体提供"机制不仅仅意味着收到赠予后的回报义务，还规定了另外两项同样重要的义务：一方面是赠送礼物的义务，另一方面是接受赠礼的义务。这三项义务的完整理论，以及与该情结相关的这三个主题，将为波利尼西亚氏族之间的这种契约形式提供令人满意的基本解释。下文将简单勾勒对于这个问题的相关处理。

很容易找到关于接受义务的大量事实。对于一个氏族、一个家族、一类人群、一位客人来说，他们别无选择，只能请求款待[34]、接受赠礼、进行交换[35]、通过姻亲或血缘关系缔结联盟。达雅克人（Dayaks）甚至建立了一套完整的法律和道德体系，其基础是人们有义务在用餐或做饭时与他人分享。[36]

赠予的义务同样重要。相关研究将帮助我们了解人们是如何成为商品和劳务的交换者的。在此，仅举几个事实。拒绝赠予[37]、不予邀请，正如拒绝接受[38]，等于宣战；相当于是拒绝结成联盟以及共同的纽带。[39]此外，赠予者之所以必须付出，是因为接受者对属于赠予者的所有东西都享有某种财产权利。[40]这种所有权被设想并被表达为一种精神纽带。因此，在澳大利亚，女婿需要将狩猎的所有战利品都提交给岳父母，而且当着老人的面，女婿不可以进食任何东西，因为老人害怕自己的呼吸会毒害他所吃的食物。[41]如前所述，萨摩亚女性一方的外甥对于此类"汤加"有权品尝，这与斐济女性一方的外甥［即"瓦素"（vasu）］的权利完全相同。[42]

在以上的现象中，存在一系列与"赠予和接受"的权利义务相对应的"消耗和回报"的权利义务。一旦我们了解这 系列关系最首要的是物与物之间的精神联系之后，就会理解这种权利义务的对应并不矛盾，因为这些物从某种程度上讲也具有灵性和精神，只不过被人及其集体在一定程度上看成了物。

所有这些机制都只表达了一种事实状态、一种社会机制、一种精确心态：一切食物、妇女、儿童、财物、护身符、土地、劳动、牧师职能和等级都是为了传承和平账而存在的。每件事都会来来回回地传递，就好像是一种精神物质，包括人和物，在宗族和个人之间，在社会等级、性别和世代之间不断地交换。

四

追记：赠人的礼物与敬神的贡物

第四个主题在与赠予有关的体系和道德准则中发挥作用：这是在上帝和大自然的见证下赠予人的礼物。对其重要性，我们并没有进行必要的基础研究。此外，本书掌握的事实并不一定与我们所关注的具体地理区域有关。再者，我们尚不甚了了的神话元素十分重要，不能对其置之不理。对此，这里仅赘数言。

在西伯利亚东北部[43]的所有社群、西阿拉斯加的爱斯基摩人社群[44]以及白令海峡附近亚洲一侧的社群中，"波特拉奇"[45]在慷慨大度方面对相互竞争的人们产生影响，对他们传递给彼此或消耗的物品产生影响，还作用于参与其中且为后人所铭记的死者的灵魂，乃至大自然。人与人之间交换礼物，即"同名者"（namesakes）——灵魂的谐音——激发死者的灵魂、神、事物、动物和自然"慷慨以待"。有人解释说，交换礼物会产生丰富的财富。纳尔逊[46]和波特[47]为我们提供了这些节庆的详细描述，以及它们对死者、野生动物以及爱斯基摩人捕猎和捕获的鲸鱼和鱼类的影响。在英国捕猎者使用的语言中，出现了颇具表现力的标题"索求节"（Asking Festival）[48]，或"邀约节"（Inviting-in Festival）[49]。活动范围通常延伸到冬季村庄的边界之外。最近对这些爱斯基摩人的一项研究清楚地表明了这种对大自然的影响。[50]

亚洲的爱斯基摩人甚至发明了一种装饰着各种食物的轮子，这种装置被安装在一种节庆庆典所用的桅杆上，上面挂着一个海象头。桅杆的这一部分伸出举行仪式的帐篷，后者则作为桅杆的支撑物。通过转动帐篷内的另一个轮子来操纵，并顺着太阳运动的方向转动。最好就是将所有这些主题整合在一起。[51]

在楚科奇人（Chukchee）[52]和西伯利亚东北端的科里

亚卡人(Koryaka)社群,也存在"波特拉奇"的明显迹象。但是,就像他们的邻居尤伊特人(Yuit,即刚才提到的亚洲的爱斯基摩人)一样,居住在海岸线附近的楚科奇人在漫长的"感恩庆典"(Thanksgiving Ceremonies)中最为频繁地进行此类自愿或非自愿的礼物交换[53]。庆典仪式在冬天频繁举行,每家每户都会举行。宴会祭祀的遗骸被抛入海中或随风散落;它们带着这一年被捕杀的猎物返回发源地,并将在明年重返此地。乔基尔森提到过科里亚卡人中的同类节庆,但他自己仅仅参与"鲸节"[54]。在"鲸节"中,祭祀制度似乎非常完善。[55]

波格拉斯[56]正确地将这些习俗与俄罗斯"科里亚达节"(Koliada)的习俗相比较:戴面具的儿童挨家挨户索要鸡蛋和面粉,人们不敢拒绝。我们都知道,这是欧洲的传统习俗。[57]

人与人之间,以及人与神之间的契约与交换的关系,揭示出祭祀理论的整体轮廓。特别是在那些多人参与的有关契约和经济活动的仪式所归属的社会中,对此的理解可谓更加明了——这些人通常是萨满和巫师,他们戴着面具,不同的面具对应不同的神灵。事实上,他们只是作为神灵的代表[58],因为这些交换和契约不仅承载着他们身后的人和事,而且还或多或少承载着与他们相关的某种神圣的存在。[59]这在特林吉特人举办的"波特拉奇",在"海达人"举办的两种"波特拉奇"以及爱斯基摩人举办的类似活动中体现得非常明显。

进化的发生自然而然。根据各种神话设定,人类最早签订契约的对象,便是死者以及众神的魂灵。事实上,他们才是这个世界上一切财物的真正主人。[60]与他们交换是最为必要的,不与他们交换是最为危险的。然而,与此相对,与他们交换是最为容易和最为安全的。牺牲毁灭的目的恰恰是一种必然得到回报的赠予行为。在美洲西北部和东北亚,所有形式的"波特拉奇"都深谙这种毁灭的主题。[61]不光是为了显示权力、财富和不顾私利,处死奴隶,烧掉珍贵的油料,将青铜制品扔进海里,甚至一把火烧掉显贵的房子。这也是为了祭祀与他们的活生生的化身无法区分的诸位神灵,后者拥有这些财物,创造了人类,是我们的盟友。

然而,另一个似乎不再需要这种人类支撑的主题,可能与"波特拉奇"本身一样古老。人们相信,必须从能够决定物品价格的神那里购买物品。也许没有什么比西里伯斯岛上生活的托拉贾人（Toradja）更能体现这种想法了。克鲁伊特[62]告诉我们，"物品的所有者必须向神'购买'在'他的'财物上执行某些操作的权利，而这些财物事实上归属于这些购买者。"在砍伐"他的"木材之前，甚至在耕种"他的"土壤之前，或者在打下"他的"房子的立柱之前，必须向神偿付对价。然而，在托拉贾人的民事和商业传统中，购买的观念似乎极不发达[63]，相反，从神和灵那里购买的观念则根深蒂固。

马林诺夫斯基报告了将在后文描述的交换形式，他指出了特罗布里恩群岛存在的类似行为。对于"塔瓦乌"［tauvau，即被发现尸体（蛇或陆地蟹的尸体）］的恶灵，可以通过赠送"伐乙古阿"（vaygu'a）来驱逐。"伐乙古阿"一般指珍贵的物品，既可能是装饰品或护身符，也可能是"库拉"（kula）交换中使用的财富。这一礼物对作为精神意义存在的"灵"存在直接的影响。[64]此外，在用来纪念逝者的"波特拉奇"活动，即"米拉米拉节"[65]中，两种"伐乙古阿"，即"库拉"和被马林诺夫斯基率先命名为"永久的伐乙古阿",在与首领完全相同的祭坛上得到展示并供奉给神灵。这使他们的精神变得仁慈。它们将这些珍贵物品的影子带到亡灵之乡[67],供其彼此斗富,就像生者在庄严的库拉献祭完成之后所做的一样。[68]

范·奥森布鲁根不仅是一位理论家,也是一位杰出的实地调查员。他注意到了这些机制的另一个特点。[69] 赠予人类和神灵的礼物也有助于在他们之间购买和平。通过这种方式,邪恶的灵魂和更普遍的不良影响(甚至不是针对具体个人的)都被清除得一干二净。他人的诅咒会让嫉妒的灵魂潜入你的身体并要你的命,邪恶的影响也会发生作用。当面对邪恶的灵魂和事物时,对人犯下的错误会使有罪的人变得软弱。范·奥森布鲁根特意用这种方式解释了中国婚礼迎亲过程中向路上撒钱,乃至向女方提供彩礼的缘由。这种观点颇有深意,可从中揭示一系列事实。[70]

显然,在这里可以开始框定献祭契约的理论和历史。关于献祭的契约以我们所描述的机制为前提,充分实现了献祭的作用,因为那些给予和回报礼物的神是为了赠予大礼，而非小惠。

保存在宗教文本中的两大法谚——拉丁语的"以物易物"（do ut des），以及梵语中的"投桃报李"（dadāmi se, dehi me）[71]——如此相似，也许不是纯粹偶然的结果。

关于施舍的说明

然而，后来，在法律和宗教的演变中，人再次出现，作为神灵及逝者的代理人，即便或许情况始终如一。例如，苏丹的豪萨人（Hausa），每逢"几内亚麦"成熟，热病就会蔓延。避免疾病肆虐的唯一办法是向穷人赠送这种谷物。[72] 豪萨人（但这次是在的黎波里）在举行"大祈祷"（Baban Salla）时，孩子们造访各家各户（地中海和欧洲的习俗）："我能进来吗？"回答是："哦，长耳野兔兔，一根骨头，换你来效劳。"（穷人乐于为富人效劳。）赠予孩子和穷人的礼物能够让死者欢心。[73] 豪萨人的这些习俗可能起源于穆斯林[74]，也可能同时受到黑人和欧洲人以及柏柏尔人（Berber）的影响。

在上述例子中,可以看到施舍理论的发展轨迹。施舍一方面是赠予和财富[75]的道德观念的产物,另一方面是献祭观念的产物。慷慨是一种义务,复仇女神会为穷人和众神主持公道,拥有幸福和财富过多的某些人,必须有所舍弃。这作为赠予的传统道德,已成为一种正义原则。神灵接受这样一个事实,那就是,他们所获得的财富和幸福,以及迄今为止在无用的祭祀中被摧毁的财富和幸福,应该留给穷人和儿童。[76]对于这一点的叙述,恰好与闪米特人的道德观念历史如出一辙。阿拉伯语中的"萨达克"(sadaka)一词原本只意味着正义,而希伯来语中的"泽达卡"(zedaqa)[77]也意味着施舍。我们甚至可以追溯到米斯奈克(Mischnaic)时代,从"穷人"在耶路撒冷取得胜利之时,慈善和施舍学说诞生了,并随着基督教和伊斯兰教一起传播到世界各地。正是在这个时候,"泽达卡"一词的含义发生了变化,在《圣经》中不再意味着施舍。

现在,回归正题:赠予和回报的义务。相关文献和评论不仅仅可用于地方民族志研究。通过比较可以扩展上述事实的范围,深化其具有的意涵。

因此，即使在波利尼西亚找不到完整的"波特拉奇"[78]机制，也可以发现散见的相关要素。[79]在任何"通过礼物交换"的情况下，都适用这种规则。然而，如果相关法律的适用主体仅仅是毛利人，或者至多是波利尼西亚人，那么相关讨论充其量只能算是纯粹的经院哲学。谨此强调话题的重点，可以证明，至少在互惠义务方面，互惠机制存在完全不同的适用范围。同样，我们将指出其他义务的延伸，并证明这一解释适用于其他多种社群。

注 释

[1] G. Davy (1922) 'Foi jurée', p.140, 研究了与婚姻有关的交换, 以及其与契约的关系。正如我们将看到的, 可以从多重维度加以研究。

[2] Turner, *Nineteen Years in Polynesia*, p.178; *Samoa*, p.82 ff.; Stair, *Old Samoa*, p.175.

[3] Krämer, *Samoa-Inseln*, vol.2, pp.52-63.

[4] Stair, *Old Samoa*, p.180; Turner, *Nineteen Years in Polynesia*, p.225; *Samoa*, p.142.

[5] Turner, *Nineteen Years in Polynesia*, p.184; *Samoa*, p.91.

[6] Krämer *Samoa-Inseln*, vol.2, p.105; Turner, *Samoa*, p.142.

[7] Krämer, *Samoa-Inseln*, vol.2, pp.96, 363. 商业探险行为, 即所谓"马拉加"(the Malaga) ——在新几内亚被称为"瓦拉

加"（Walaga）——实际上与"波特拉奇"非常接近，前往相邻的美拉尼西亚群岛进行的探险本身就具有"波特拉奇"的特征。德国学者凯米尔（Krämer）使用"还礼/回赠"（Gegenschenk）一词来形容后面提到的父方财物与母方财物的交换。此外，尽管我们需要警惕"里弗斯学派"（Rivers School）和"埃利奥特·史密斯学派"（Elliot Smith School）等英国民族志学者的夸张，亦不能照搬博阿斯（Boas）以降美国民族志学者的套路，将整个美洲的"波特拉奇体制"视为本质相同的借债行为，但与此同时，我们应该更加重视这样一个事实，即"周游"行为的机制属性。对于从很早的时候起，在很长的距离内，从一个岛屿到另一个岛屿，从一个港口到另一个港口，相当数量的贸易不仅劳务于货物的流通，同时也劳务于货物的交换方式这种情况，尤其如此。在稍后将引用的研究中，马林诺夫斯基（Malinowski）对这一事实有着明智的认识。专门研究美拉尼西亚西北部相关机制的成果，参见 R. Lenoir（1924）'Expéditions maritimes en Mélanesie', *Anthropologie*, September。

[8] 一般来说，毛利部族之间，特别是在庆祝活动中的炫富竞争屡见不鲜。参见 S. P. Smith, *Journal of the Polynesian Society* (henceforth, JPS), vol. 15, p. 87。

[9] 在这种情况下，我们之所以不肯断言"波特拉奇"的存

在，是因为这里的赠礼和还礼中缺乏高利贷的因素。然而，正如下文在反思毛利人法律时将看到的那样，没有任何回报的事实意味着失去"面子"（正如中国人所说）。在萨摩亚，为了避免造成同样的不利条件，必须遵守"有利必还"。

[10] Turner, *Nineteen Years in Polynesia*, p. 178; *Samoa*, p. 52. 类似的毁灭与名誉的主题，在美洲西北部亦为常见。例见 Porter, 'Report…', *Eleventh Census*, p. 334。

[11] 特纳称孩子是"领养的"（adopted），参见 Turner, *Nineteen Years in Polynesia*, p. 178; Samoa, p. 83。但他错了。这种习俗正是"寄养"（fosterage），即在出生家庭之外接受教育；更准确地说，这种寄养是对母方家族的一种回报，因为孩子是在他父亲的姐妹家中长大的，事实上是在母方的一方，即父亲姐妹的丈夫（姑父）家中长大的。千万不要忘记，波利尼西亚是一个血缘关系有双重分类的地区：母方和父方。对艾尔斯顿·贝斯特（Elsdon Best）研究成果的回顾，参见 Maori Nomenclature, in *Année Sociologique* 7：420，涂尔干（Durkheim）的观察载于同刊 5：37。

[12] Turner, *Nineteen Years in Polynesia*, p. 179; *Samoa*, p. 83.

[13] 参见 our observations on vasu in Fiji, in 'Procès-verbaux de l'I. F. A', *Anthropologie*, 1921。

[14] Krämer, *Samoa-Inseln*, 参见 under：*toga*, vol. 1, p. 482;

vol. 2, p. 90.

¹⁵Ibid, vol. 2, p. 296；参见 p. 90 (*toga* = *Mitgift* ['dowry']); p. 94, 父方财物与母方财物的交换。

¹⁶Ibid, vol. 1, p. 477. Violette, *Dictionnaire Samoan-Français*, 该字典对"汤加"的解释十分到位,"相关财富包括精心编织的席垫和'奥洛亚',例如房屋、船只、布料和枪支等财富"(p. 194, col. 2);注意,"奥洛亚"(oloa)中的"oa",即"财富,财物",包括所有的舶来品。

¹⁷Turner, *Nineteen Years in Polynesia*, p. 179;参见 p. 186. Tregear, *Maori Comparative Dictionary*, p. 468 [在"汤恩加"(*taonga*)项下给出的"托加"(*toga*)一词,混淆了汤加和标有"奥洛亚"名称的物品。这显然属于失误]。

Rev. Ella,'Polynesian Native Clothing', *JPS*, vol. 9, p. 165 对"席垫"(ie tonga)的描述如下:

> 是当地人的主要财富;以前,被用作交换财物、结婚和要求特殊礼节的场合的一种货币形式。通常席垫作为传家宝(代用品)被保存在家族中,许多古老的席垫因曾属于某个著名的家族而被人们所熟知和珍视。

参见 Turner, *Samoa*, p. 120。类似的财富等价物,诚如后文所述,在美拉尼西亚和北美,以及我们自己的民间传说中,都能发现类似的表达。

[18] Kramer, *Samoa-Inseln*, vol. 2, pp. 90, 93.

[19] 参见 Tregear, *Maori Comparative Dictionary*,"汤恩加"项下：塔希提语"给予财物"(*tatoa*)；"补偿，给予财物"(*faataoa*)；Marquises Islands, 参见 Lesson, *Polynésiens*, vol. 2, p. 232, taetae；参见 Radiguet, *Derniers Sauvages*, 'tiau tae-tae', "为获得外国商品而送出的赠品、礼物和本国商品"，该词的词根为"塔胡"(*tahu*)。

[20] 参见 M. Mauss (1914), 'Origines de la notion de monnaie', *Anthropologie*, ('Procès-verbaux de l'I. F. A.'), 除中非和美洲以外，几乎所有引用的事实都与这一领域有关。

[21] G. Gray, *Proverbs*, p. 103 (translation, p. 103).

[22] C. O. Davis, *Maori Mementos*, p. 21.

[23] In *Transactions of the New Zealand Institute*, vol. 1, p. 354.

[24] 从理论上讲，根据毛利人的传统，新西兰各部落被划分为渔民、耕者和猎人，一般认为，各个部落之间不断地相互交换产品。Elsdon Best, 'Forest Lore', *Transactions of the New Zealand Institute*, 42：435.

[25] "昊"(*hau*)一词和拉丁语"灵"(*spiritus*)一样，更准确地指风和神灵，至少在某些情况下，指的是无生命和植物的

神灵和力量，而"马纳"（*mana*）一词专指"人类神灵"。与美拉尼西亚语相比，"马纳"较少用于事物。

[26] Ibid, Maori text, p. 431, transl. p. 439.

[27] "无图"（*utu*），用来表示复仇者的满足感、补偿、偿还、责任等，往往还指代了价格，是一个涉及道德、法律、宗教和经济的复杂概念。

[28] *He hau*. 埃尔斯顿·贝斯特将这两句话进行了压缩节译，本文亦照用之。

[29] 为了说明这最后一点，罗伯特·赫兹收集了大量的事实并不辞辛劳地将其翻译出来。事实证明，对盗窃的惩罚，仅仅为了追求拥有者对被盗窃物品保留的"脸面"，即"人类神灵"所具有的某种巫术般的宗教效果。此外，物品本身被禁忌所包围，并带有所有权的标志，而这些禁忌得到了"昊"所赋予的精神力量。正是这个"昊"的存在，为遭受盗窃的人报仇，抓住了小偷，对他施了咒语，导致他死亡或迫使他归还。这些事实可以在我们即将为赫兹出版的专著中与"昊"有关的段落中找到。

[30] 在罗伯特·赫兹的研究成果中，可以找到这里提到的有关毛利人的其他相关记载。这些毛利物品同时也是护身符、守护神和庇护所，其中附着有氏族的"精神"（*hapu*）、氏族的魂

灵以及氏族生活的土地所蕴藏着的的"昊"。

艾尔斯顿·贝斯特关于这一点撰写的文献,特别是那些与"昊违它"(hau whitia)和"凯昊"(kai hau)的非凡表达有关的文献,需要评论和讨论。主要章节参见'Spiritual Concepts',*Journal of the Polynesian Society* 10:10(Maori text);and 9:198。虽然力有未逮,但我们仍尽可能将其解读如下:"昊违它",就是"扭曲的昊",贝斯特的翻译似乎是准确的。因为盗窃、不偿付或不提供全部回赠的罪行确实是对昊的扭曲,除此之外还包括拒绝交换或赠送礼物的情况(与盗窃等同)。相反,将"凯昊"简单等同于"昊违它"时,这种翻译就很糟糕。这一概念确实指明了"蚕食神灵的行为",并且肯定是"旺盖昊"(whangai hau)的同义词:参见 Tregear, *Maori Comparative Dictionary*, 标题为"凯"(kai)和"旺盖"(whangai);但这种等同并不简单。因为典型的礼物是食物,"凯",这个词指的是食物交流的系统,对此,外来的神父们显然始终存在误解。还有一点:另外需要指出的是,"昊"这个词本身也有相同的概念层次:Williams, *Maori Dictionary*, p.23, 在"昊"的条目下,说明是"作为对收到的礼物的感谢而赠送的礼物"。

[31]我们还提请注意"凯-昊-泰"(kai-hau-tai)这一表述,Tregear, *MCD*, p.116:"把一个部落提供的食物送给另一个部

落；'节庆'（南岛）"。这句话的意思是，这份礼物以及为此举行的庆祝活动实际上是第一次"提供"的神灵，回到了它的出发点："食物就是食物的入口"。在这些机制和观念中混杂着各种各样的原则，而欧洲词汇表恰恰相反，绞尽脑汁对其加以细分。

³²事实上，"汤加"也似乎被赋予了个性，甚至超越了通过与主人的关系赋予其上的"昊"。这些物品往往被赋予了名称。根据最佳列举（Tregear, loc. cit., p. 360），在"砲玛姆"（*pounamu*）的条目下（extracted from the Colenso manuscripts），具体只包括以下类别："砲玛姆"、知名玉器、首领和氏族的神圣财物，通常非常"替几"（*tiki*），即非常罕见、非常个人化且雕刻精良；还有各种各样的席垫，其中一个毫无疑问像萨摩亚一样被刻上了印记，名叫"科罗瓦伊"（*korowai*）。这是唯一一个让我们联想到萨摩亚语单词"*oloa*"的毛利语单词，我们还没有发现与其对应的毛利语表述。

一份关于毛利的文献将特定的"汤加"命名为"卡拉基亚"（*karakia*），被认为是单独命名且赋予魔咒，可流传后世的个人护身符：JPS 9：126（transl. p. 133）。

³³Elsdon Best, 'Forest Lore', p. 449.

³⁴这里可以把对毛利人阶级的事实体系的研究置于"蔑视

塔胡"(scorn of *Tahu*)这一表达术语之下。与此相关的主要文献,参见 Elsdon Best,'Maori Mythology', in *JPS* 9:113. 塔胡通常是食物的"象征性"名称;这是它的拟人化。"不要蔑视塔胡"(*Kaua e tokahi ia Tahu*)用来指拒绝享用摆在他面前的食物的人。但是,对毛利人地区食物信仰的研究将使我们走得更远。只要说神,食物的本质,跟"龙戈"(Rongo,植物与和平之神)是一样的就足够了。借此将更好地理解好客、食物、交流、和平、交流和法律之间的联系。

[35] 参见 Elsdon Best,'Spiritual Concepts', *JPS* 9:198。

[36] 参见 Hardeland, *Dayak Wörterbuch*, vol. 1, pp. 190, 397a, indjok, irak, pahuni 等相关条目。相关机制的比较研究可以扩展到马来西亚、印度尼西亚和波利尼西亚文明的整个地区。唯一的困难在于承认该机制的存在。让我们举个例子。如后面的注释所示,斯宾塞·圣·约翰(Spenser St. John)在"强迫贸易"标题下,描述了在文莱(婆罗洲)贵族如何向比萨亚人(Bisayas)索取贡品。他们首先向比萨亚人赠送布料,然后以复利的形式逐年索取回报,并要求其以高利贷的价格在数年内偿付(*Life in the Forests of the Far East*, vol. 2, p. 42)。类似的错误行径,已经在文明的马来西亚人身上出现,他们利用了不那么文明的兄弟民族的习俗,但对其不屑一顾。对于印尼的相关

事实，这里不再一一列举（相关评述可参见 M. Kruyt, *Koopen in Midden Celebes*）。

[37]不邀请某人共跳战舞是一种罪恶，一种错误，在南岛被冠以"普哈"（puha）的恶名。参见 H. T. de Croisilles, 'Short Traditions of the South Island', *JPS* 10：76（note：tahua，'gift of food'）。

毛利人的招待仪式包括：新来者不能拒绝的强制性邀请，但也不能要求。他必须一路走到主人家（因主人种姓不同而有所不同），而不必四处张望。主人必须专门为他准备一顿饭，而且必须谦恭地出席。离开时，陌生人会收到一份离别礼物（Tregear, *Maori Race*, p. 29）。可参见印度教款待的相同仪式。

[38]事实上，这两条规则密不可分地融合在一起，其中规定的对立和对称提供也是如此。可以用一句谚语表达这种混合：泰勒（*Teika a maui*, p. 132, proverb no. 60）粗略地翻译为"生食之时，熟食之时，取之"——与其等到陌生人来了分享，还不如吃半生不熟的独食，当食物熟了，你就得和他们分享。

[39]传说中，首领赫克马鲁——"马鲁"（Maru），掌管战争和正义的神——坚持，除非得到陌生村庄居民的关注和问候，否则不会获取该村庄的任何"事物"。如果他的随从在不被注意的情况下经过，然后派人传信，建议首领和他的同伴跟随前

进并分享食物,这位首领会回答说"食物不应该来自背后"。他这样说的意思是,提供给跟在"神圣的后脑勺"(即当他经过村庄时)的食物,对那些给他食物的人来说是危险的。因此有一句谚语,"食物不会跟着赫克马鲁的屁股而来"(Tregear, *Maori Race*, p. 79)。

[40] 图霍部落(Tuhoe)向埃尔斯顿·贝斯特如此评论相关神话和法律原则('Maori Mythology', *JPS* 8:113):"著名的首领来访前,其声名早已远播至此。"受访地区的人们开始打猎捕鱼,以获得好的食物。然而,他们一无所获:"这是因为我们的威名让所有的动物和鱼群都有目共睹……让它们逃得一干二净……"诸如此类[进而还出现了一个关于冰雪和"怀里里"(*Whai riri*,即对水的罪恶)的解释,是其促使食物远离人类]。事实上,这篇有点晦涩的评论描述了渔猎部落的精神状况,如果其成员没有做一切必要的事情来接待其他部落的首领,就会犯下"凯帕帕"(*kaipapa*,即对食物的罪恶),最终导致自己的作物收成、渔猎成果乃至最终的食物化为乌有。

[41] Examples:the Arunta, the Unmatjera, and the Kaitish(参见 Spencer and Gillen, *Northern Tribes of Central Australia*, p. 610).

[42] 与"瓦素"相关的传统文献,参见 Williams(1858)*Fiji and the Fijians*, vol. 1, p. 34。亦参见 Steinmetz, *Entwicklung der*

Strafe, vol. 2, p. 241 ff。外甥在母亲一方的这种权利仅仅与家庭共有主义制度相对应。但它让人们对其他权利有了一些了解,例如,婚姻关系的权利以及通常所说的"合法盗窃"。

[43] 参见 Bogoras, *The Chukchee* (Jesup North Pacific Expedition, Memorandum of the American Museum of Natural History), vol. 7, New York。生活在大洋岛屿上的楚科奇人要比生活在驯鹿(极地)地区的人更清楚地意识到接受和回赠礼物以及款待他人的义务。参见"社会组织"…… pp. 634, 637, 参见屠杀驯鹿进行祭祀的规则。参见"宗教"…… vol. 2, p. 375: 邀请的义务,客人想要什么就要求什么的权利,以及赠送礼物的义务。

[44] 爱斯基摩人的突出特征之一就是乐善好施。参见 our study of the 'Variations saisonnières dans les sociétés eskimo' *Année Sociologique* 9: 121。最近出版的一本关于爱斯基摩人故事集包含了这类鼓吹慷慨的故事。参见 Hawkes, *The Labrador Eskimos* (Canadian Geological Survey, Anthropological Series), p. 159。

[45] 我们将阿拉斯加爱斯基摩人的节庆视为爱斯基摩人元素和从印第安人处借鉴而来的"波特拉奇"元素的结合 (in 'Variations saisonnières dans les sociétés eskimo', *Année Sociologique* 9: 121)。但撰写完本文之后,我们意识到,西伯利亚的楚科奇人和科里亚卡人中就存在着"波特拉奇"以及赠予礼物的习俗。因

此，爱斯基摩人也同样有可能是从这些土著族群处借鉴了"波特拉奇"的做法。此外，我们必须考虑到相关学者关于爱斯基摩语的亚洲起源的精妙而合理的假设（Sauvageot 1924, *Journal des Américanistes*）。考古学家和人类学家关于爱斯基摩人及其文明起源的强烈观点证实了这些假设。最后，一切都表明，与东部和中部的爱斯基摩人相比，西部的爱斯基摩人并没有堕落，而是在语言和种族上更接近源头。这一点现在似乎已经得到了陶比泽尔（Thalbitzer）的证明。

在这种情况下，我们必须更明确地说，"波特拉奇"作为一种现象，存在于东部爱斯基摩人之中，并且很久以前便在他们中间确立起来。然而，爱斯基摩人仍然保留着图腾和面具，这些图腾和面具在某种程度上是西部爱斯基摩人的节庆所特有的，其中有一定数量的图腾和面具起源于印第安人。最后，除非可以通过东部爱斯基摩人社群的减少来解释，否则很难令人满意地解释爱斯基摩人为什么在北美洲北极地区的东部和中部消失的原因。

[46] Hall, *Life with the Esquimaux*, vol. 2, p. 320. 非常值得注意的是，这一说法并非通过对阿拉斯加地区"波特拉奇"的观察而得出，而是与该中心的爱斯基摩人有关，他们只为群体活动和交换礼物而举办冬季节庆。这表明这一想法超出了法律制度

的范围。

[47] Nelson, 'Eskimos about Behring Straits', Seventeenth Annual Report, *Bureau of American Ethnology*, p. 303 ff.

[48] Porter, *Alaskan Eleventh Census*, pp. 138, 141; and, especially, Wrangell, *Statische Ergebnisse*..., p. 132.

[49] Nelson. 参见'asking stick'[sic] in Hawkes, The Inviting-in Feast of the Alaskan Eskimos, Geological Survey: Memoir 45, *Anthropological Series* 2, p. 7。

[50] Hawkes, loc. cit, pp. 3, 7, 9 描述了其中的一个节庆,"尤纳拉克利特对决马勒米乌特"(Unalaklit versus Malemiut)。节庆活动中最具特色的是首日推出的搞笑系列活动"全体提供",以及由此带来的礼物赠予。成功让对方笑起来的部落可以要求获得自己喜欢的物品。而最好的舞者会收到贵重的礼物(pp. 12-14)。这个仪式例子非常清楚但极为罕见(据我所知,除了澳大利亚和美国,没有其他例子)。相反,在神话中很常见的一个主题:嫉妒的神灵,笑起来的时候,将放下手里的东西。

此外,"邀约节"的仪式结束时,萨满(angekok)将让"伊努阿"(inua)附体,这位通灵者戴着面具,向神表示他们已经欣赏了舞蹈,并将送其参与其中的一些游戏。参见 the present made to the seals. Jennes (1922) 'Life of the Copper Eskimos', *Report of the Canadian Arctic Expedition*, vol. 12, p. 178, n. 2。

赠予法律的其他主题也得到了很好的发展。例如,纳斯努克部落(näsnuk)的首领没有权利拒绝任何礼物或菜肴——虽然这很少发生——否则将永远蒙受耻辱的痛苦。Hawkes, ibid, p. 9。

霍克斯(Hawkes)正确地指出,印第安人所庆祝的"安维克节"借鉴了爱斯基摩人的做法。参见 Chapman(1907)(*Congrès des Américanisles de Québec*, vol. 2)。

[51] 相关图示参见 Bogoras, *The Chukchee*, vol. 7(2):403。

[52] Bogoras, ibid, pp. 399-401.

[53] Jochelson, 'The Koryak', *Jesup North Pacific Expedition*, vol. 6, p. 64.

[54] Ibid, p. 90.

[55] 参见 p. 38, 'This for Thee'。

[56] Bogoras, *The Chukchee*, p. 400.

[57] 此类习俗,参见 Frazer, *Golden Bough*, 8th edn, vol. 3, pp. 78-85, 91 ff.; vol. 10, p. 169 ff; vol. 5, pp. 1, 161。

[58] 特林吉特人举办的"波特拉奇"活动,参见 pp. 38 and 41。这一特点是美洲西北部所有"波特拉奇"活动的基本特征。然

而，这一特点的体现并不明显，因为仪式太像图腾崇拜，除对神灵的影响外，其对自然的影响并不明显。在白令海峡地区，特别是在圣劳伦斯岛上的楚科奇人和爱斯基摩人举办的"波特拉奇"活动中，这一点体现得更加明显。

[59]参见 Bogoras, *Chuckchee Mythology*, p. 14, line 2 ff。在一个"波特拉奇"神话中，两位萨满开始了围绕下列主题的对话："你会回答什么？"即"作为回报的赠予"。对话以一场摔跤比赛结束。然后两个萨满彼此签订契约。他们互相交换各自的巫术刀和巫术项链，还有他们的精神（与巫术相关的部分），最后是他们的身体（p. 15, line 2）。但他们在飞行和着陆方面并不完全成功。这是因为他们忘了交换臂镯和作为"行动指南"的流苏（p. 16, line 10）。最后他们成功地表演了各自的神技。可以看出，所有这些东西都与精神本身具有相同的精神价值，都是精神层面的灵。

[60]参见 Jochelson, 'Koryak Religion', *Jesup North Pacific Expedition*, vol. 6, p. 30，"神灵之舞"（冬季萨满教仪式）中吟唱的夸奎特圣歌对相关主题进行了评论：

> 哦，灵，你从另一个世界带给我们一切，你剥夺了人类的感官。你们已经听说我们饿了，哦，灵……我们将从你们那里得到很多……

参见 Boas, *Secret Societies and Social Organization of the Kwakiutl Indians*, p. 483。

[61] Davy, 'Foi jurée', p. 224, ff. 亦参见 p. 37。

[62] Koopen in midden Celebes, Mededelingen der Koninglijke Akademie van Wetenschaapen, *Afdeeling Letterkunde*, 56; series B, no. 5, pp. 158, 159, 163-8.

[63] Ibid, pp. 3, 5 of the extract.

[64] Malinowski, *Argonauts of the Western Pacific*, p. 511.

[65] Ibid, pp. 72, 184.

[66] P. 512（非强制交换对象）. 参见 Baloma (1917) 'Spirits of the Dead', *Journal of the Royal Anthropological Institute*。

[67] A Maori myth, that of Te Kanava. Grey, *Polyn. Myth*, p. 213, 讲述了灵是如何在宝玉（玉器等）的阴影下, 化名为"汤加", 播撒自己的荣威。Wyatt Gill, *Myths and Songs from the South Pacifc*, p. 257 讲述了一个源自芒艾亚岛（Mangaia）的完全相同的神话, 故事情节大同小异, 主要是关于红色珍珠母圆盘制成的项链, 以及它们如何赢得美丽的曼娜帕（Manapa）的青睐。

[68] P. 513. Malinowski（*Argonauts of the Western Pacifc*, p. 510 ff.）在某种程度上夸大了这些事实的新颖性, 这些事实与特林

吉特人和海达人举办的"波特拉奇"活动的事实完全相同。

⁶⁹ 'Het primitieve denken, voorn. in Pokkengebruiken', *Bijdr. tot de Taal -, Landen Volksdenken v. Nederl, Indië*, vol. 71, pp. 245, 246.

⁷⁰Crawley, *Mystic Rose*, p. 386，他提出了一个这样的假设，韦斯特马克已经接受了这个问题，并开始对之予以证明。特别参见 *History of Human Marriage*, 2nd edn, vol. 1, p. 394 ff。但由于没有确定全体提供体系和更为发达的"波特拉奇"体系，他未能清楚地看出要旨。在"波特拉奇"体系中，所有的交流，特别是妇女和婚姻的交流，只是其中的一部分。关于通过向配偶双方赠送礼物确保婚姻生育的问题，参见 Ch. 3, n. 112, p. 152。

⁷¹Vâjasaneyisamhita. 参见 Hubert and Mauss, 'Essai sur le sacrifice', *Année Sociologique* 2：105。

⁷²Tremearne（1913）*Haussa Superstitions and Customs*, p. 55.

⁷³Tremearne（1915）*The Ban of the Bori*, p. 239.

⁷⁴Robertson Smith, *Religion of the Semites*, p. 283."穷人是神灵的座上宾。"

⁷⁵马达加斯加的贝特希米萨拉卡人（Bɛtsimiɜaraka）讲述了两位首领的故事，其中一位放弃了他所拥有的一切，而另一位

什么也不放弃,把一切都留给了自己。上帝给了慷慨者好运,却毁了守财奴(Grandidier, *Ethnographie de Madagascar*, vol. 2, p. 67)。

[76] 关于施舍、慷慨和大方的概念,请参见 Westermarck, *Origin and Development of Moral Ideas*, vol. 1, chapter 23。

[77] 关于"萨达克"的魔力,在今天仍然有讨论的价值,见下文。

[78] 我们无法完成重读全部文献的重任。有些问题只有在研究结束后才能提出。然而,我们毫不怀疑,通过重建由人种学家提供给我们的不相关事实组成的系统,仍然可以在波利尼西亚发现其他重要的"波特拉奇"遗迹。例如,在波利尼西亚,关于食品展示的节庆"哈卡里"(*hakari*)包括完全相同的展示,相同的食物堆在一起(Tregear, *Maori Race*, p. 113),相同的食物分发,就像"哈卡里"一样,同样的节庆,在科伊塔的美拉尼西亚人中有相同的名字。参见 Seligmann, *The Melanesians*, pp. 141-5, and passim。"哈卡里"相关文献,亦参见 Taylor, *Te ika a Maoui*, p. 13; Yeats (1835) *An Account of New Zealand*, p. 139; Tregear, *Maori Comparative Dictionary*, *under hakari*. A myth in Grey, *Polyn. Myth*, p. 213 (1855 edn), and p. 189 (Routledge's popular edn),它描述了战争之神赠予的"哈卡里",

其中对接受者的庄严指代与新喀里多尼亚、斐济和新几内亚的节庆完全相同。下面是作者翻译的一首当地歌谣［摘自 Sir E. Grey（1835）Ko nga Moteata：Mythology and Traditions in New Zealand, p. 132］中的第二段，内容主要包括"乌玛汤加"（uma taonga），即汤加"烤箱"，代表"希卡伊罗"（*hikairo*），即食品分发：

> 把给我的"汤加"放在这一边
> 把我的"汤加"给我，我好把它们摞起来
> 我可以把它们堆成一堆，指向陆地，
> 堆成一堆，指向大海，
> 等等……指向东方……
> 把我的"汤加"给我。

第一节中毫无疑问指的是石头"汤加"。我们可以看到，在食物节的仪式中，"汤加"的概念是多么根深蒂固。参见 Percy Smith,'Wars of the Northern against the Southern Tribes', *JPS* 8：156（the hakari of Te Toko）。

[79] 即使假设在当今波利尼西亚社会中找不到这种制度，它也很可能存在于"波利尼西亚人"移民吸收或取代的文明和社会中，也很可能是波利尼西亚人在移民之前就拥有了这种制度。事实上，它从这一地区的一部分消失是有原因的。这是因为在

几乎所有的岛屿上,氏族已经明确地等级化,甚至十分接近君主制。因此,"波特拉奇"缺少一个主要条件,即首领之间的竞争目的恰恰是暂时稳定的等级制度的不稳定性。类似地,如果我们在毛利人中发现的痕迹(可能是次级发端)比在任何其他岛屿都多,正是因为那里重建了首领身份,个别的部族成为竞争对手。

在美拉尼西亚或美属萨摩亚境内破坏财富的行为,参见 Krämer, *Samoa-Inseln*, vol. 1, p. 375。(参见 Index, under *ifoga*。)毛利语中的"穆鲁"(*muru*,由于不当行为造成的商品破坏),也可以从这个角度来研究。在马达加斯加,洛哈蒂尼人(Lohateny)之间的关系——他们应该互相交易,可能互相侮辱,并在他们之间造成严重破坏——同样是古代部族习俗的残留。参见 Grandidier, *Ethnographie de Madagascar*, vol. 2, p. 131 and n.; pp. 132-3。亦参见 p. 155。

第二章

赠予机制的拓展：慷慨、荣耀与货币

一、
慷慨的法则：安达曼群岛*

首先，施密特神父**眼中最原始的人类群体——俾格米人——已经出现了赠予的习俗。[1] 早在1906年，布朗***就在安达曼群岛（即所谓"北岛"）的土著居民中

---

* 如下所示，所有事实，均出自截然不同的民族志领域，我们不想研究其之间的联系。从民族学的角度来看，太平洋文明的存在毋庸置疑，并且能够部分解释了诸多共同特征，例如美拉尼西亚人和美洲人，以及北亚人和北美人举办的"波特拉奇"活动之间的同一性。然而，俾格米人中开始出现"波特拉奇"活动显得非比寻常。我们还将同样讨论印欧地区"波特拉奇"的活动痕迹。因此，我们将尽量避免谈及相关机制如何流变的范式。就目前讨论的问题而言，"借鉴说"虽然容易理解，但风险太高，而"独创说"同样面临危机。此外，迄今绘制的所有流转路线图，只不过彰显了我们缺乏了解或暂且无知的迹象。目前，我们必须充分展示法律主题的性质以及其所传播的范围之广。留待其他有能力者来写这段历史吧。

** 威廉·施密特（Wilhelm Schmidt，1868—1954），德国牧师、神言会传教士、语言学家、民族学家和宗教历史学家。——译注

*** 阿尔弗雷德·拉德克利夫-布朗（Alfred Radcliffe-Brown，1881—1955），英国人类学家，结构功能论的创建者。——译注

观察到了此类事实,并精彩地描述了当地族群慷慨热情地对待那些自愿或非自愿地来到作为交换场合的节庆和集市(用赭石颜料和海产品交换林畜产品的贸易活动)的来访者:

> 尽管交换数量巨大,但考虑到在一般情况下,当地族群和家族知道如何在工具等方面自给自足……以及较发达社会中主要用于商业和交换用途不同,这些礼物首先服务于道德目标,旨在培养双方的友好感情,如果这项工作没有做好,再做什么都是徒劳。[2]

> 任何人不得随意拒绝别人赠予的礼物。每个人,无论男女,都试图比其他人更加慷慨。人们暗自较劲,看谁提供的物品数量最多、价值最大。[3]

赠礼是婚姻的封印,成为血脉相通的纽带。赠礼赋予双方某种相同的特质,而这种相同的特质通过禁忌得以明确体现。也就是说,从缔结婚约直至终老,双方父母便再也不得见面或交谈,但需要持续不断交换礼物。[4] 事实上,这一禁令表达了存在互惠关系的债权人和债务人之间的密切关系和相关忌惮。证明这属于基本原则的依据是，类似的禁忌，同时表示关系中的亲疏远近，在同时经历过"噬龟食豚"[5]仪式的男女青年之间也建立了一种文化，他们也同样有义务终身交换礼物。澳大利亚土著也存在类似的情况。[6]布朗在报告中还描述了当地人在长期分离后的见面仪式上，互相拥抱、泪流满面，与此相当的致意方式当然还包括互赠礼物[7]，如此这般，大家感同身受，融为一体。[8]

简言之，这是一种交融。灵魂与事物，灵魂与灵魂之间的融合。生命就是不断的融合，正因如此，在如此融合之后，人和物又会突破既有的束缚，再次混合在一起。而这正是契约和交换的意义所在。

二、
赠予交换的原则、理由和强度（美拉尼西亚）

美拉尼西亚人对"波特拉奇"传统的保持与发展，远胜于波利尼西亚人[9]，尽管这并非本书关注的问题。无论如何，一方面，美拉尼西亚人相较于波利尼西亚人更好地保存了赠予的传统，另一方面，他们更是发展出了整套赠予体制及相关交换形式。此外，由于他们的货币观念[10]比波利尼西亚人的货币概念更为清晰，因此其货币体系在某种程度上更加复杂，但也更为明确。

新喀里多尼亚

在里纳尔*所收集的关于新喀里多尼亚人的特色文献中,不仅再次出现了那些我们想要强调的赠予理念,甚至还包括关于这种理念的表达。他首先描述了被称为"皮罗皮罗"(pilou-pilou)的传统舞蹈,以及各种应该毫不犹豫地定义为"波特拉奇"的宴庆、赠予和提供体系。[11] 在庄严的开场白中,土著巫师使用的完全是典型的法律术语。因此,在"山药节"的庆祝仪式上[12],巫师表示:"如果说还有我们没有体验过的'皮罗',如被称为'玮'(Wi)的舞蹈形式……那么只要能够通过舞动身体,让神灵赐予我们山药,我们的收获就会让失传的远古舞蹈重新复活。"[13] 造物者让物重返人间。同一篇开场白的后半部分提到,祖先显灵,"是他们的行动和力量的影响……让我们获取到了这些食物。先祖为我们所做的结果在今天显现。每一代人都出现在他们的口中。"上

---

* 莫里斯·里纳尔(Maurice Leenhardt,1878—1954),法国人类学家。——译注

述法律纽带的另一种表达方式同样极具张力:"我们的节日好比走线之针,将屋顶上覆盖的稻草顺次连接,穹顶华盖,自成一体。"[14] 正可谓一脉相承、轮回往复。其他作者也指出了这些事实。[15]

特罗布里恩群岛

存在于美拉尼西亚世界另一端的赠予体系,发达程度丝毫不逊色于新喀里多尼亚。在当地种族中,特罗布里恩群岛上的居民文明程度最高。在欧洲人到来之前,如今这些生活优渥的珍珠渔民乃是制造陶器、贝币、石斧和其他贵重物品的富有工匠。他们一直都称得上优秀的商人和勇敢的水手。马林诺夫斯基将这些渔民视为与希腊神话中的伊阿宋王子比肩的航海家,并给他们起了一个恰如其分的绰号:"西太平洋的阿耳戈英雄"(Argonauts of the Western Pacific)。可以说,在这部与本书主题相关的社会学经典论述中[16],马林诺夫斯基描述了以"库拉"命名的部落间和部落内部交易的完整体系。[17] 不过,因为他对同样受法律和经济原则支配的机制——婚姻、亡灵节、成年礼等——语焉不详，此处的描述是暂时性的，但基本的事实还是显而易见的。[18]

"库拉"，属于"波特拉奇"的一种形式。作为部落间频繁交易的载体，这种现象的存在，一路延伸到整个特罗布里恩群岛、当特尔卡斯托群岛（D'Entrecasteaux Islands）的一部分，以及安弗莱特群岛（Amphlett Islands）。在所有这些地区，这一活动间接波及所有部落，并与其中规模较大者直接相关——安弗莱特群岛上的多布人（Dobu）、特罗布里恩群岛上的基里维纳人（Kiriwina）、锡纳克塔人（Sinaketa）和基塔瓦人（Kitav），以及伍德拉克岛（Woodlark Island）的瓦库塔人（Vakuta）。马林诺夫斯基没有给出"库拉"的翻译，其本意无疑是"圆圈"，引申为"循环"。事实上，所有这些部落族群，这些跨洋探险，这些珍贵之物，这些食物节庆，这些仪式劳务，这些男人女人，都被纳入"循环"之中[19]，在该时空有规律地运动。*

"库拉"作为一种交易手段门槛很高。[20] 这似乎是部

---

* "Kula"亦被翻译为"封闭的循环圈"。参见［英］布罗尼斯拉夫·马林诺夫斯基：《西太平洋上的航海者》，张云江译，中国社会科学出版社2009年版，第45页。——译注

落首领的专属活动。这些首领身兼船队的领导者。部落首领也是商人,会从下属那里接受赠礼,后者事实上与首领存在血缘或姻亲关系,算是首领的臣民。首领同时也是各个附庸村庄的首领。交易行为堪称"高尚",看起来十分无私慷慨。[21] 这与普通用品之间的纯粹经济交换——即所谓的"金瓦利"(gimwali)——截然不同。[22] 事实上,后者和"库拉"一样,在被视为部落间聚会的大型原始集市中,或在部落内部的小型市场中进行。"金瓦利"的特点是双方之间的讨价还价几近胶着,这种做法显然不配被称为"库拉"。对于一个并非基于必要的宏大胸襟而行所谓"库拉"之事的人来说,就可以说他"行事有如金瓦利"。至少在外表上,就像美洲西北部的"波特拉奇"一样,"库拉"包括接受一些人的赠予,再对其他人做出赠予。[23] 在"库拉"最完整、最庄严、最崇高、最具竞争力的形式[24],即被称为"巫伐拉库"(Uvalaku)的伟大的远洋探险中,甚至规定探险离开时不需要交换任何物品,也可以不赠予任何物品,尽管可能存在食物的交换,但人们一般会拒绝向当地人索取食物。远航者假装自己只接受当地人的赠予。第二年,探险船队再次来访时,会给予曾经赠予自己礼物的当地人一些回报,往往是对方感兴趣的东西。

然而,如果"库拉"规模不大,人们就会利用海上运输交换货物。首领们会和自己遇到的当地人进行交易。在二者之间,无数的物品被索取[25]、要求和交换,所有这一切都存在于"库拉"之外,然而,库拉始终是远行探险的目的和决定性时刻。

赠予行为本身的形式极其庄严:接受方对赠予表现得不屑一顾;礼物往往只能被扔到受赠者的脚下。赠予方的谦卑则略显夸张[26]:螺号长鸣,赠予者庄严地奉上自己的礼物,谦称这仅仅是剩下的余物,并把要赠予的礼物扔到对手(也就是交易伙伴)的脚下。[27]然而,螺号的演奏,以及巫师的宣告,彰显着这一转让行为的严肃性。一切的目的,都是为了凸显慷慨、自由、自主以及隆重。[28]然而,总的来说,是义务机制。更有甚者,是通过物表现的义务机制,在发挥作用。

这些交换礼物中的基本物品是"伐乙古阿",一种货币性质的等价物。[29]"伐乙古阿"分为两类:"姆瓦利"(*mwali*),即经过雕刻、抛光的美丽贝壳臂镯,一般只能由臂镯的主人或亲戚在重大场合佩戴;以及被称为"索巫拉伐"(*Soulava*)的项链,由锡纳克塔人中的能工巧匠利用红色"海菊蛤"(Spondius)制成的精致珍珠母项链。妇女在佩戴时往往郑重其事。[30]只有在极度痛苦的情况下,男人才会佩戴"锡纳克塔"制作的项链。[31]然而,通常情况下,这两种"伐乙古阿"都会得到珍藏。人们都乐于拥有。制作、采集这些饰物,交换这两种象征名望的物品,以及其他更为世俗和平常的交易形式,构成了特罗布里恩人财富的来源。

根据马林诺夫斯基的说法,这些"伐乙古阿"的循环流转存在一定之规:"姆瓦利",即臂镯,源源不断从西到东传递;而"索巫拉伐",即项链,总是从东到西流动。[32]方向相反的物品流动范围,涵盖特罗布里恩岛、当特尔卡斯托群岛、安弗莱特群岛乃至位置更加偏远的岛屿——伍德拉克岛、马歇尔·贝内特岛(Marshall Bennett)、图波图波岛(Tubetube)等地区——直至新几内亚岛东南端海岸,即臂镯的原料产地。正是在那里,上述交换遇到了来自新几内亚〔南马西姆(South Massim)〕的同类伟大探险[33],塞利格曼对后者做过描述。

原则上，这些财富表征的流通连续不断、环环相扣。这些物品不会在一个人的手里停留太长时间，传递速度不会太慢，更不会难以割舍。[34]不应将其提供给特定交易对象以外的任何人，也不应让"臂镯"或"项链"远离其应去往的方向。[35]持有者应该妥善保管，以便从一个"库拉"流传到下一个"库拉"，整个部落都为首领所获得的"伐乙古阿"感到骄傲。甚至在某些场合，例如在准备被称为"大索易"（great s'oi）的葬礼仪式时，一般允许接受赠礼，而不给予任何回报。[36]然而，这是为了在节日开始时归还一切，花费一切。因此，它确实是一个人通过接受礼物而获得的所有权，但这是某种所有权。可以说，它包含了各种法律原则，而我们作为更现代的人，已经小心地将这些法律原则彼此区隔开来。它是所有权和占有权，是抵押和出租的东西，是出售和购买的东西，同时是存放、授权和遗赠，以便传递给他人。因为它只有在你为他人使用它或将它传递给作为第三方的"间接伙伴"["穆里穆里"（murimuri）]的条件下，才会给予你。[37]正如马林诺夫斯基率先发现、反复观察并描述的那样，这就是该经济、法律和道德实体真正典型的性质。

上述机制也包含了神话、宗教巫术的色彩。"伐乙古阿"不是不重要的东西，不只是一些货币。每件"伐乙古阿"，至少是那些最贵重和最受追捧的物品，以及其他物品，都享有同样的特权。[38] 每一件物品都有自己的名字[39]、个性、历史，甚至还有一段传奇。其影响非常之广，以至于甚至有人照葫芦画瓢，给自己起了类似的名字。不能说这是否算是某种拜物教的对象，因为在特罗布里恩人看来，很显然，他们称得上是实证主义者。然而，不能不承认这些物品的卓越和神圣性质。拥有"伐乙古阿"自身就是一件"令人兴奋、舒坦和安慰的事情"。[40] 主人抚摸"伐乙古阿"，一把玩就是几个小时。仅仅与这些物品接触就可以传递其所附有的美德。[41] "伐乙古阿"被放在垂死者的前额，置于他的胸口，用来摩擦他的腹部和肋骨，在鼻子前晃来晃去，这对于行将就木者来说，是最大的安慰。

然而，还有比这更重要的事情。契约本身就是"伐乙古阿"的内生部分。不光是臂镯和项链，甚至是所有的器物、饰品和武器，所有属于伙伴的东西，至少在情感上,如果不是在他最深处的灵魂里,都充满契约精神。[42] 据说只要吟读一段略显唯美的歌谣,即"海螺壳魔咒"[43],就会向"候选伙伴"施放魔法,促使其按照吟读者的要求行事。[44]

> *兴奋的状态*[45] *已经包围了我的伙伴*[46],
> *兴奋的状态已经包围了他的腰带……*

诸如此类,接下来是他的"寡拉"(gwara,即在椰子和槟榔上的禁忌[47]);他的"巴吉多乌"(bagido'u)项链;他的"巴吉里库"(bagiriku)项链;他的"巴吉杜"(Bagidu)[48] 项链,等等。

另一个更具神话色彩[49] 也更为奇怪的歌诀,但类型更为常见,表达了同样的想法。念诵者召唤动物帮助,受到召唤的"鳄鱼"被请求去把所有各种等级的海菊贝壳宝物带来[在基塔瓦部落,要带来的是"姆瓦利"]:

> 鳄鱼,下来吧,带走你的人!将他推下"格波波"(gebobo,独木舟的货舱)。
>
> 鳄鱼,带给我项链吧,带给我"巴古杜""巴吉里库",等等。

在同一仪式中，先前吟读的歌咒召唤的则是鱼鹰。[50]

与仪式相关或在仪式中订立契约的人（基塔瓦人、基里维纳人或多布人）使用的冗长咒语末尾，包含下列韵体[51]，其中给出了两种解释。此外，这个仪式很长，而且会重复很长时间。这样做的目的是列举"库拉"所禁止的一切，为了能够在朋友之间进行贸易，一切与仇恨和战争有关的东西，都必须被驱除。

你的暴怒，狗嗅出来了；

你的满腔战意，狗嗅出来了。

另一个版本是：[52]

你的暴怒，狗很驯服，

或者

你的暴怒落潮了。狗玩耍着；

你的火气落潮了。狗玩耍着；等等。

需要将其理解为："他们在咒语中召唤狗，因为当狗的主人过来的时候，狗就会站起来舔他；同样的，多布人也有这样的倾向。"另一种解释则更为复杂，因此马林诺夫斯基宣称，听一听土著人的解释或许会清楚一些：

原因是狗在玩耍时嗅了嗅鼻子。假如我们按照过去的安排提到这个单词，宝物也会同样"鼻子嗅鼻子"。假如我们送出臂镯，那么项链就会到来，它们会相遇的。

这种隐喻的表达形式可圈可点。仅用只言片语，便将这种集体情感表现无遗：交易对象之间隐藏的嫌隙，"伐乙古阿"的孤立，中了巫术般瞬间停止；人和贵重的东西聚在一起，如同听到声音跑来玩耍的狗一样。

另一个象征性的表达，是"姆瓦利"（臂镯，作为女性的象征）和"索巫拉伐"（项链，作为男性的象征）结婚，二者相互勾连，像极了两情相悦的男女。[53]

正如毛利人的神话法理可以借不同的术语来描述一样，上述种种隐喻所表征的意味，实则完全相同。从社会学的角度来看，这种表达无一例外，皆是事物、价值、契约和人的混合体。[54]

不幸的是，我们对于统辖这些交易的法律规则的了解存在缺漏。要么是因为规则本身就是无意识的产物，马林诺夫斯基所接触的基里维纳人对此亦毫无头绪；或者，如果特罗布里恩人对于交往规则心知肚明，那么这就应该成为全新的调查对象。我们只掌握若干细节。首个"伐乙古阿"又被称为"发加"（vaga），意为"开始赠予"。[55] 这是一个起点，接收者需要承担无可避免的回赠义务，这种回赠被称为"约蒂勒"（yotile）[56]，马林诺夫斯基恰如其分地将其翻译为"定礼"，即锁定交易的礼物。后一种礼物的另一个名字是"库杜"（kudu），意为咬人的牙齿，原住民认为，"库杜"真能切割、咬破并分离。[57] 这种意向显然是必须的；而且必须相当于首份赠礼。有时，"约蒂勒"还可能会被他人通过武力或突然袭击的方式夺走。[58] 如果回礼不成比例，则可[59]通过巫术[60]，或者至少是通过侮辱和愤怒的表现来报复。如果一个人不能回报，至少他要提供"巴兮"（basi），然而这只会"刺入"表层皮肤，不会咬人，也不会结束赠予回礼一事。"巴兮"只是一种辅助性的回礼，目的是拖延最终的馈赠时间。这样安抚了先前的赠予者，同时也是现在的债权人；但并不能免除债务人，即未来需要赠予一方的回礼义务。[61] 针对这些奇怪的细节，与其相关的一切表达方式都令人感到吃惊。然而，我们不知道背后的制裁机制。纯粹依靠道德[62]和巫术吗？如果需要的话，对"库拉"执迷不悟的人嗤之以鼻,会被施法吗?不守信用的交易对象是否会失去其他任何东西:高贵地位,或者至少是在首领眼中的地位?对此仍需深入探索。

然而,从另一个角度来看,上述物品交换体系又显得颇为典型。除了我们将在后文讨论的古日耳曼法,就我们目前的观察以及我们现有的历史、法律和经济知识而言,很难找到比马林诺夫斯基在特罗布里恩群岛发现的礼物交换实践更清晰、更全面、更自觉且为观察记录者领悟得如此到位的体系了。[63]

"库拉",就其基本形式而言,只是一个环节,属于一个巨大的提供系统中最庄严的组成部分——提供和回报,确实似乎涵盖了整个特罗布里恩群岛的经济和民众生活。"库拉",似乎仅仅意味着生命的顶点,族际和部落之间的"库拉"尤为如此。这当然是生命存在和长途航行的目的之一。但最终,只有首领,甚至只有那些来自沿海部落的首领,也就是说,只有极少数人真正参与其中。"库拉",作为其他机制的具体表达方式,将这些机制整合在一起。

首先,在"库拉"期间,"伐乙古阿"本身的交换构成了一系列其他交换的框架,范围极为广泛,从谈判到报酬,从恳求到纯粹的礼貌,从彻头彻尾的款待到沉默和保留。首先,除"伐乙古阿"之外[64],所有的"库拉"都为"金瓦利"提供了机会,这是一种普通的交流,不一定发生在合作伙伴之间。[65]自由市场存在于同盟部落的个人之间,并与之更紧密地联系在一起。其次,在"库拉"的合作伙伴之间,就好像在一条永恒的链条中,有额外的赠予、奉献与回报,以及强制性的交换。对于"库拉"来说,这些甚至都被认为是理所当然的。由此建立联系,也是"库拉"的原则之一[66],从第一份礼物——"发加"——开始,这一切是通过"发起"而尽全力索取。面对首次出现的赠予,未来的交换伙伴,此时还是自由的行为主体,可以被进一步诱导,例如,表示其会得到一系列初步赠予作为回报。[67]虽然我们可以肯定回报式的"伐乙古阿",即"约蒂勒"("定礼")将被送出,但我们不确定"发加"是否出现,甚至"发起"是否会被接受。这种发起和接受赠予的方式便是规则,以这种方式提供的每件礼物都会被赋予专有的名称。在被提供之前,拟提交的礼物都被展览处理。此时,这些礼物被称为"帕里"(pari)[68]。其他的名字则蕴含着所提供物品的高贵和神奇性质。[69]但如果一个人接受了其中的某份赠礼,就表明他愿意加入这套规则体系,即便不是想要一直如此。这些礼物的某些名称表达了接受赠予所需的法律情况[70]:事情被视为已经解决。礼物通常是相当有价值的东西。例如,一把磨光的大石斧,或者一把鲸骨勺。接受这样的赠予,就意味着把自己牢牢与"发加"(即人们发起的首次赠予)捆绑在一起。不过,其中一方作为合作伙伴的承诺仍然不完整。只有对传统的庄严遵守才能使人完全信任。这些赠予的重要意义和性质源于远航而来之际在潜在伙伴之间发生的激烈竞争。人们都想在对方部落中寻找最好的交换伙伴。事关重大,因为人们试图建立的关系在合作伙伴之间形成了一种氏族联系。[71]因此,要做出选择,就必须吸引对方,并使其眼花缭乱。[72]在考虑等级的同时[73],一个人必须比其他人先达到自己的目标,或者以比其他人更好的方式达到自己的目标,从而使最有价值的东西得到更多的交换,这些东西自然是最富有之人的财物。竞争、敌对、炫耀、追求浮夸和激发兴趣——均是所有上述行动背后可能存在的动机。[74]

这些可被视为见面礼。其他价值与其相当的礼物也会作为回报，这些是送别礼——在锡纳克塔部落被称为"塔罗伊"（*talo'i*）——在即将启程前赠予，要比见面礼更为受到重视，与"库拉"同时构成了"全体提供"和"回赠"的循环。

在这些交换的整个过程中，自然会有宴席款待，在锡纳克塔部落还会有女子相陪。[75] 此外，还会涉及其他需定期回赠的额外赠予。在我们看来，这些被称为"库洛图马纳"（korotumna）的交换代表了"库拉"的一种原始形式，它还包括交换石斧[76]和野猪的圆牙。[77]

在我们看来，部落间的"库拉"机制只是一个更为普遍的体系中最极端、最严肃和最具戏剧性的一个。这就把部落本身整体带出了其所属的物理边界的狭窄范围，甚至超出了其利益和权利的范畴。然而，在部落内部，氏族和村落之间通常有着相同的联系。在这种情况下，只是本族本村的成员及其首领走出家园，进行互访、贸易以及和异族通婚。这可能不再被称为"库拉"。不过，马林诺夫斯基将其与"沿海库拉"进行对比，恰当地称之为"内陆库拉"和"库拉集群",后者为首领提供了他将交换的物品。然而,称之为"波特拉奇"并非言过其实。例如,基里瓦纳人前往基塔瓦人的部落参加名为"大索易"[78]的葬礼,除了交换"伐乙古阿",还有许多其他活动。人们将会看到名为"尤拉瓦达"(youlawa-da)[79]的假装的打斗、食品分发、展示猪豚和山药等活动。

此外,"伐乙古阿"和所有这些物品,并不总是通过首领自身获得、制造和交换而来。[80]的确,首领们既不会为了自己的利益,也不会为了交换而制造礼物。[81] 其中大多数是由较低级别的亲属以礼物形式赠予首领,特别是来自附属于该部落的姐夫或妹夫[82],或者作为附庸而自有封地的子嗣。作为回报,远航归来后,大部分"伐乙古阿"都被像模像样地献给了村落和氏族的首领,甚至是相关氏族的普通人,简而言之,传给了直接或间接地(通常是非常间接地)参与远航的族人。[83] 通过这种方式,后者的付出得到补偿。

最后,我们认为,通过交换获得财物的赠予体系,存在于这个"内陆库拉"体系的各个维度,甚至作为其基础，渗透到特罗布里恩人经济、部落和道德生活的方方面面。正如马林诺夫斯基非常巧妙地表达的那样，他们的生活"浸透"其中。这是一个不断"给予与索取"的过程。[84] 这个过程的特点是，通过质疑和宣示，出于义务要求或自身利益，出于慷慨大度或有所希求所提供的一切，源源不断地全方位提供、接受和回报礼物。我们无法陈述所有事实。况且，马林诺夫斯基本人尚未完成他的著述。然而，首先，可以确认存在如下两个主要事实。

和"库拉"所表征的关系完全类似的，还包括所谓"瓦西"（wasi）[85]。"瓦西"所建构的，是一种定期的交换行为，即农业部落与沿海部落之间的相互义务关系。农业一方来把自己的农产品放在渔业一方的房子前。与之相对，渔业一方在进行了大规模的出海捕捞后，也会前往农业村落，将渔获量中的一部分用来偿付农业一方的付出。[86] 这与我们在新西兰观察到的分工制度如出一辙。

另一种重要的交换形式是以展示的形式进行的。[87] 例如，大规模的食品分发，即所谓"萨迦力"（sagali）[88]，通常在如下几个场合进行：收获的季节，建造首领的小屋或新船，或者葬礼。[89]分发的对象主要是为首领或其氏族提供贡献（包括耕种土地，运输用于雕刻船只或横梁的大树躯干，以及死者氏族成员在葬礼上提供的劳务等）的群体[90]，这些分发十分类似于特林吉特人的"波特拉奇"，其中甚至还包括战斗和竞争等由头。其中，氏族和胞族，以及彼此结盟的家族之间相互对抗。一般来说，只要没有彰显首领的个性，这种分发看起来都像是一种集体行为。

然而，除了这些已经不太像"库拉"的群体权利和集体经济，在我们看来，所有个人之间的交换关系似乎都可被纳入这种类型。也许只有少数是纯粹的易货。然而，由于除了存在"库拉"和"瓦西"关系的亲戚、盟友或伙伴之间几乎不进行易货交易，交换似乎并没有达到真正自由的程度。一般来说，除非无可或缺，否则即使是以这种方式被接受和拥有的东西，无论如何也不能为自己保存。通常情况下，它会被传给其他人，比如说，交给姐夫或妹夫。[91]很可能，一个人获得了某件东西，然后在同一天又原物奉还。

任何种类、事物和劳务的"全体提供"的所有回报都属于这一类别。行文至此，我们再谈几句至为关键的要点。

我们在谈及"库拉"时提到过的"波卡拉"（*pokala*）[92]和"卡里布图"（*kaributu*）[93]，即"恳求赠予"，涵盖的范围更大，与我们所称的"报酬"相当接近。它们被供奉给神灵。"偿付"的其他通用名称包括"瓦卡普拉"（*vakapula*）[94]和"玛普拉"（*mapula*）[95]，作为感激和热情欢迎的标志，意味着付出必须得到回报。在这方面，马林诺夫斯基[96]有非常伟大的发现，揭示了婚姻中两性之间的一切经济和司法关系：丈夫向妻子一方的所有提供，都被视为妻子借出今天仍被《古兰经》称为"田地"的提供的回报。

特罗布里恩人的法律语言远未成熟，这导致了各种相互提供的专有名称数量激增，根据作为补偿而提供的名称[97]、赠予的事物[98]、场合[99]等均有不同。某些名称考虑了所有上述因素。例如，送给巫师的礼物，或是为了获得头衔的礼物，即所谓的"拉加"（*laga*），便是如此。[100]当地人对于此类概念划分和定义的笨拙，以及对其分门别类的特殊讲究，达到了匪夷所思的程度。

其他美拉尼西亚社会

不必将比较的范围扩大至美拉尼西亚的其他地区。然而，在不同地区采集到的一些细节，无疑可以巩固我们的结论，证明特罗布里恩人和新喀里多尼亚人奉行的原则并非反常，在其他相近的民族中，此类原则亦有迹可寻。

在位于美拉尼西亚南端的斐济，我们已经确认了"波特拉奇"的存在，其他属于赠予制度的重要机制也在那里得到了蓬勃发展。在一个被称为"奇力-奇力"（kere-kere）的季节中，任何人都不得拒绝任何赠予。[101] 在结婚等场合，两个家族之间交换礼物。[102] 此外，斐济的货币，即抹香鲸的牙齿，与特罗布里恩人的货币完全相同。货币的名称为"塔姆布阿"（*tambua*）[103]，用石头（"牙齿之母"）和各种各样的吉祥物、护身符和部落的"好运"物品装饰。斐济人对他们的"塔姆布阿"的感情与我们前文描述的完全一样："它们被当作孩子一样对待。它们被从篮子里拿出来欣赏，它们的美丽成为街谈巷议的话题；它们的'母亲'被涂上了油，被擦得锃亮。"[104] 奉上"塔姆布阿"表示请求；接受"塔姆布阿"则表示许诺。[105]

新几内亚的美拉尼西亚人和某些受他们影响的巴布亚人称他们眼中的货币为"塔乌-塔乌"（tau-tau）。[106] 其种类和信仰对象与特罗布里恩群岛居民相同。[107] 但上述概念还必须与意为"借猪"［在莫图部落（Motu）和科伊塔部落（Koita）］的"塔胡-阿胡"（tahu-'ahu）[108] 相区别，后者是我们耳熟能详的概念。[109] 这个波利尼西亚词汇，词根是"汤恩加"，在萨摩亚和新西兰，其意思是家族中的珠宝和财物。这些词语本身都是波利尼西亚语，意思大同小异。[110]

众所周知，新几内亚的美拉尼西亚人和巴布亚人都会践行"波特拉奇"。[111]

杜恩瓦尔德*流传后世的关于布因部落（Buin）[112] 和巴纳罗部落（Banaro）[113] 的精细记述，为我们提供了诸多可供比较的细节。交换的物品，特别是货币的宗教性质

---

* 理查德·杜恩瓦尔德（Richard Thurnwald，1869—1954），奥地利人类学家和社会学家，以其对社会制度的比较研究闻名。——译注

显而易见，可以用其为歌曲、女人、爱情和劳务提供对价。与特罗布里恩群岛一样，这是一种宣示。最后，图恩瓦还通过一个完美的案例研究[114]分析了特定事实，而这些事实最能说明互赠制度的组成要素，以及为什么其被错误地称为"买卖婚姻"。事实上，相关各方均须服从这样的制度，女方的家庭亦不例外。如果女方的父母没有提供足够的回礼，这个可怜的女人就有可能被退回娘家。

总而言之，在整片岛屿世界，以及可能与之相关的南亚部分地区，皆存在类似的法律和经济制度。

因此，人们对这些美拉尼西亚部落的看法与正常情况大不相同，这些部落比波利尼西亚人更富有，更致力于贸易。这些族群拥有活跃的部落间经济和非常发达的交换系统，这种交换与生活的律动，可能比我们所熟悉的身边的农民或沿海渔村在不到一百年前的情况更为活跃，更为高效。原住民当中存在广泛的经济生活，超越了岛屿和方言的界限，蓬勃的贸易活动便是典型的表现。他们通过赠予及回报机制替代了买卖制度。

这些法律以及后文将看到的日耳曼法所遭遇到的障碍，在于无法与相关的经济和司法概念切割。但事实上没有必要这样做。在这些社会中,氏族和家族未能相互区分,也未能区分它们的行动。无论多么有影响力和多么明智的个体,也不懂得要把自己和其他人对立起来,不懂得把自己的行为和他人的行为区分开来。首领与他的氏族混为一谈,氏族与首领浑然一体。而个人感觉自己只能以一种方式行动。霍姆斯(Holmes)敏锐地指出,他在芬克河区域遭遇的两个部落[托亚里皮(Toaripi)部落和纳毛(Namau)部落]所持的语言——巴布亚语和美拉尼西亚语——都存在"一个术语来表示买卖、借贷"。"用同一个词来表达相反的操作"[115],"严格来说,他们不懂得我们在使用'借出'和'借入'这两个词的时候所表达的意思,不过,借出者总会得到作为酬劳的某种东西,而等到所借之物归还时,酬劳之物也会物归原主"[116]。这些人既没有出售也没有借出的概念,但仍然运行着具备同样功能的司法和经济活动。

同样,易货的概念,对美拉尼西亚人来说,并不比波利尼西亚人更加自然。

科鲁伊特,作为最为杰出的民族志学家之一,虽然使用了"买卖"一词,但却十分准确地[117]描述了西里伯斯群岛居民的相关心态。毕竟,托拉贾人已经与马来人接触了很长一段时间,而后者显然称得上伟大的商人。

因此,人类中有一部分族群,相对富裕、勤劳并创造了大量盈余。他们早已知晓,而且至今依然知晓,如何以不同于我们所熟悉的形式和原因,交换有价值的物品。

三、

美洲西北部

名誉与信用

通过上述对美拉尼西亚和波利尼西亚部分族群的观察,这种赠予体系的清晰形象呼之欲出。物质生活和道德生活,以及物品交换,以一种并非追逐私利的履行义务的形式在其中运行。此外,相关义务是以神话和想象的方式,或者说象征性和集体性的形式来表达的。而其前提在于交换的事物所牵涉的利害关系。这些交换品从未与进行交换的人完全分离。交换者彼此间建立的联系和联盟相当稳固。在现实中,这种社会生活的象征——

对交换的事物的持久影响——只是在某种程度上直接反映了所谓"环节社会"（société segmentée）* 中的下位群体的互动方式，这些下位群体的类型划分由来已久，并且不断地交织在一起，并感觉对彼此负有义务。

美洲西北部的印第安社会也为我们展示了同样的交换机制，但相对而言，这里的相关机制更为激进，更为明显。首先，当地人或许对易物交换毫无概念。显然，即使在与欧洲人长期接触之后[118]，本地人之间持续不断的财富流转[119]并未发生，例外的情况仅存在于那些隆重的"波特拉奇"形式。[120] 这一机制与我们的研究相关，下文将加以描述。

行文之前，有必要对相关社会简略描述一番。我们在这里将要讨论的部落、民族或更确切地说是部落群体，

---

* "环节社会"（société segmentée），是本书作者莫斯的舅舅，同时也是法国著名社会学家涂尔干提出的概念，指的是原生的群居社会或氏族中最初开始分化的社会。涂尔干把这种社会形态与环节动物相提并论，意思是这种社会虽然有所分化，但各个组成部分依然相对同质，这些分节和环节机械地绞合在一起，其共同行动构成了整体的个性。随着社会的进化与分工的发展，以机械团结相联系的环节组织开始消亡，取而代之的是以有机团结为纽带的社会。相关译文参考了〔法〕埃米尔·涂尔干：《社会分工论》，渠敬东译，生活·读书·新知三联书店 2017 年版。——译注

均生活在北美西北沿海地区——在阿拉斯加，是特林吉特人和海达人；在不列颠哥伦比亚地区，则主要是海达人、齐姆希安人（Tsimshian）和克瓦基乌特人（Kwakiutl）。[121] 这些北美部族同样也是逐海洋或河流而居，靠捕鱼而非狩猎为生。但是，与美拉尼西亚人和波利尼西亚人不同，他们不事农业。然而，他们非常富有，即使是现在，渔场、猎场以及捕获皮毛动物的陷阱，也为他们提供了可观的盈余，若按欧洲的标准来计算更是如此。在所有的美洲部落中，他们拥有建造得最为坚固的房屋，杉木的砍伐利用高度发达。他们的造船技艺精湛，虽然很少跑到外海冒险，但却清楚如何在岛屿和海岸之间航行。他们的物质艺术水平很高。特别是在十八世纪冶铁技术传入之前，他们就知道如何提取、冶炼、铸造和敲制在齐姆希安和特林吉特地区发现的原生铜料。[122] 某些铜制品，如盾形纹章，被他们作为流通的货币。还有一种被当成货币的物品则十分漂亮，即奇尔卡特人（Chilkat）制作的色彩缤纷的毯子，至今仍被用作装饰[123]，其中一些价值不菲。这些族群不乏优秀的雕刻家和专业工匠。他们制造的烟斗、战斧、手杖、角雕勺，等等，成为西方人类学者趋之若鹜的精品收藏。这一文明跨越广袤的地域，高度一致。显然，早在遥远的过去，这些社群就相互交融，尽管在语言上他们至少分属于三个不同的民族谱系。[124] 他们的冬季生活，即使是相对最南端的部落，也与夏季大不相同。这些部落存在双重形态：从春末开始，他们分散出去打猎，采集块茎和多汁的山地浆果，并在河流中捕捞鲑鱼；入冬时，人们再次集中在所谓的"镇子"。恰恰就是在以这种方式聚集在一起的时候，他们的生活呈现出生机勃勃的欢腾状态。社会生活变得异常活跃，强度超过夏天的部落集会。从一个部落到另一个部落，从一个氏族到另一个氏族，从一个家族到另一个家族，人们频繁走动互访。宴庆一个接着一个，每次均旷日持久。在婚礼上，或在不胜枚举的仪式或庆典中，在世界上最富饶的海岸历经夏秋两季辛勤劳作积攒起来的一切都被挥霍殆尽。这甚至发生在个人生活中。一旦捕获海豹，或者开始享用事前保存的浆果或块茎时，其他氏族成员就会受到邀请前来分享。如果发现鲸鱼搁浅，则人人有份。同样，从道德的角度来看，这一文明高度同质，尽管其范围涵盖从母系胞族制部落（特林吉特人和海达人）到杂有父系继嗣的氏族制部落（克瓦基乌特人），但社会组织的一般特征，特别是图腾崇拜，在所有部落中大致相同。与生活在班克斯群岛上的美拉尼西亚人一样，北美西北地区这些印第安部落中存在所谓"兄弟会"。这些曾被我们错误地称为秘密社团的组织，在美拉尼西亚通常具有跨族群属性，但这些男性社团，当然还包括克瓦基乌特人中的女性社团，也跨越了具体氏族组织的界限。下面将谈到的部分赠予和几乎所有的回赠提供，和在美拉尼西亚[125]一样，目的是实现在这些社团组织中的逐级"晋升"（提高）。[126] 这些兄弟会活动和氏族仪式在首领的婚礼、"铜器买卖"、成年礼、萨满仪式和葬礼后接踵而至，后者在海达人和特林吉特人生活的地区尤为发达。所有这些都是在一系列前后相连的"波特拉奇"活动期间进行。每个地方都会举办"波特拉奇"，以响应其他人给予的"波特拉奇"。就像在美拉尼西亚一样，这是一种持续的"舍与得"。

"波特拉奇"本身作为一种典型的现象，同时也是这些部落的特征，恰好属于一种赠予与回赠的机制。[127] 与美拉尼西亚的不同之处在于，在北美西北地区这些印第安社会,"波特拉奇"引发了暴力、夸张和对立,原因在于缺乏一定的司法概念,以及结构框架更简单,更粗糙。对于特林吉特人和海达人这两个北方部落来说,情况尤其如此。[128] 契约的集体性质[129],比美拉尼西亚和波利尼西亚更为明显。总而言之,这些社会表面上看起来更接近我们所说的"简单的全体提供",因此司法和经济概念的清晰度和精确性也较低。然而,在实践中,这些原则是积极且足够确切的。

然而,与美拉尼西亚的"波特拉奇",或波利尼西亚更为发达或更为分散的机制相比,北美西北地区印第安人的相关机制中,有两个概念体现得更为明显。这就是附期限的信用的概念,以及名誉的概念。[130]

正如我们在美拉尼西亚和波利尼西亚所看到的那样,礼物在流转,赠予就会得到回报。他们的"确定性"在于赠予事物的质量,而这本身就是保证。但在每一种可能的社会形式中,礼物的性质决定了回赠的时限。根据定义,共同分享的一餐、分发的"卡瓦"(*kava*)或带走的护身符不能立即得到回报。任何回赠,都需要时间。因此,当存在回访、缔结婚姻和联盟、媾和、参加游戏或比武、庆祝其他节日、提供名誉仪式或"表示相互尊重"[131]的问题时,就会在逻辑上涉及时效的概念——随着这些社会变得愈发富裕,交换的同时,物品变得越来越多,越来越有价值。

在这个问题上,当前的经济和司法史在很大程度上是错误的——充斥现代思想,主张一种先验的发展理念[132],并遵循所谓的必要逻辑。但总而言之,它仍然在古老的传统之上止步不前。没有什么比西米兰(Simiand)所说的"无意识社会学"那般更危险的了。例如,居克(Cuq)仍然声称:

> 在原始社会中,人们能够想到的只有以物易物;在更发达的社会组织,现金买卖是惯例。赊销是文明的高级阶段的特征,而这首先是以现金买卖和贷款的组合形式出现的(Cuq 1910)。[133]

事实上,相关发展的节点与此完全无关,关键在于法学家和经济学家不感兴趣的一类权利。这便是赠予,一种极为复杂的现象,特别是在本文并未涉及的"全体提供"最古老的形式中。今天,礼物必然包含信用的概念。经济法的演变并不是从易货到买卖,以及从现金买卖到信用买卖。一方面,易货贸易是通过一种按照时间限制给予和回赠礼物的系统而产生的。这是一个简化的过程,通过缩短以前具有任意与随机特点的时间段来实现的。另一方面,买卖也以同样方式完成。后者根据固定的期限,或通过现金,或通过贷款来完成。因为没有证据表明,曾经有过超越了我们所描述的阶段的法律体系(特别是巴比伦法律),而我们周围所遗留下来的所有古老社会中依然存在的这种信用却不被包含在内。这是另一种解决契约中两个"时刻"问题的简单、现实的方法。对此,戴维已经做过专门研究。[134]

在印第安人的这些交易过程中,同样重要的是名誉观念所起的作用。首领自己及其所率领的部族的声望,与所花的金钱以及对接受的礼物连本带利的回赠之间,关系非常紧密,这便要求人们把别人加给自己的义务转变为加给别人的义务。对于有价值物品的消费和破坏,确实毫无限度可言。在某些情况下,一个人必须做到倾其所有,分文不剩。[135]这是一场比赛,就看谁最富有,谁最奢侈。一切都是基于对抗和竞争的原则。个人在社团和氏族中的政治地位,以及各种身份等级,都是通过"斗富"[136]而获得,就仿佛亲历了真正的战争,这就跟借助机遇、继承、联盟和婚姻等途径一样。然而,一切都被认为是"财富的斗争"。[137]子女的婚姻,社团中的地位,都只有在奉行交换和互惠的"波特拉奇"中才能赢得。就像在战争、赌博[138]、赛跑和摔跤[139]中失败一样,斗富落败的一方也会因此失势。在某些情况下,这甚至不是一个赠礼与回礼的问题,而是一个销毁的问题[140],这样就不会给你一点希望得到回报的暗示。整箱整盒的烛鱼油或鲸油被付之一炬[141],房屋和成千条毯子也被人纵火烧毁。最有价值的铜制物品被打碎并扔进水中,以便放下并"碾压"对手。[142]这样一来,一个人不仅提升了自己,而且提升了自己家族的社会地位。因此,这是一个大量财富不断被消耗和转移的法律和经济体系。如果愿意,可以将这些转让称为交换行为,甚至是贸易和买卖行为。[143]然而,这种贸易是高贵的,充满了礼仪和慷慨。至少,当它呈现出贪图眼前之利的性质时,就显而易见地为人所不齿。[144]

可以看出,名誉的概念在波利尼西亚表现得非常强烈,在美拉尼西亚一直存在,在这种情况下,它确实具有破坏性。在这一点上，传统智慧再次错误地判断了激励人们的动机的重要性，以及之前的社会对我们所施加的影响。即使像于维兰*这样一个有洞察力的学者，也觉得自己不得不从巫术效力的概念中推断出据说是无效的名誉概念。[145] 他认为名誉和声望只是巫术的替代品。现实更为复杂。对这些文明来说，名誉的概念和巫术的概念同样耳熟能详。[146] 波利尼西亚语中的"马纳"（Mana）一词本身不仅象征着每一种生物的神奇力量，还象征其名誉，该词最恰当的一种翻译是"权威""财富"。[147] 特林吉特人和海达人则将互帮互助视为关乎名誉的行为。[148] 即使在真正原始的社会，如澳大利亚的部落中，名誉的问题也与我们身处的社会一样微妙，他们也会因提供劳务和食物、优待和仪式以及赠予而满足。[149] 人们早在知道如何签名之前，便学会了用自己的名誉提供保证。

就契约本身的形式问题而言，北美地区的"波特拉奇"已经得到了充分的研究。然而，我们需要将戴维和莱昂哈德·亚当（Leonhard Adam）[150] 在此方面的研究置

---

* 保罗-路易·于维兰（Paul-Louis Huvelin，1873—1924），法国著名罗马法学家。——译注

于更广泛的背景中,使之能应用于本文所处理的主题。因为"波特拉奇"不仅仅是一种司法现象:我们建议称之为"总和"。其中包括宗教、神话和萨满等因素,参与其中的首领代表并作为祖先和神灵的化身,他们各有其名,他们翩翩跳舞,他们受到神灵的主宰。[151]"波特拉奇"还是一种经济现象,我们必须衡量这些交易的价值、重要性、原因和影响。时至今日,如果将这些交易以欧洲标准衡量,依然数额巨大。[152]"波特拉奇"也是一种社会结构现象:部落、氏族和家族,甚至民族的聚集,带来了一种显著的紧张和兴奋状态。对方固然亲善,但仍是他者。每个人都需要在庞大的贸易和持续的竞争中与他人交流和对抗。[153]我们忽略了极其众多的审美现象。最后,即使从司法角度来看,对于我们已经收集到的关于这些契约的形式和可能被称为人类目的的东西,以及缔约方(氏族、家族、等级和婚约)的司法地位,我们必须补充一点:契约的物质目的,契约中交换的东西,也拥有一种特殊的内在力量,这使之被给予,最重要的则是得到回报。

如果我们有足够的篇幅来区分北美西北地区四种形

式的"波特拉奇",在我们的论述中会很有用:(1)只有或几乎只有胞族和首领家族参与的"波特拉奇"(特林吉特人);(2)胞族、氏族、首领和家族在其中发挥大致同等作用的"波特拉奇"(海达人);(3)各氏族中相互对立的首领之间的"波特拉奇"(齐姆希安人);(4)首领和社团伙伴的"波特拉奇"(克瓦基乌特人)。但这样做需要长篇大论。此外,戴维还阐述了四种形式中三种形式之间的差异(不涉及齐姆希安人的形式)。[154]最后,就我们的研究主题(赠予义务、接受义务和回报义务)而言,这四种形式的"波特拉奇"基本一致。

三大义务:给予、接受与回赠

给予的义务是"波特拉奇"的本质。首领必须为自己、儿子、女婿或女儿[155]以及亡亲[156]提供"波特拉奇"。唯有通过证明自己被神灵和好运所眷顾和宠爱[157],被赋予并拥有财富[158],首领才能维持在部落、村庄甚至其家族的权威,才能维持他在其他首领中的地位[159]——无论是在族群内部,还是在族群之间。而他只能通过挥霍和分享，通过将别人置于"自己声名的阴影之下"来加以羞辱，才能证明这一好运。[160] 克瓦基乌特人与海达人对于所谓"面子"的理念，与中国的文人士绅别无二致。[161] 神话中曾有一位伟大的首领，因为没有提供"波特拉奇"而"颜面扫地"。[162] 这甚至比中国的类似表述更为准确。在北美西北地区，失去声望实际上就是失去灵魂。事实上，"脸"是舞蹈面具，是化身神灵的权利，是佩戴盾徽、图腾的权利，是所有人都以这种方式受到质疑的人物角色，是在"波特拉奇"[163]、赠予游戏中失去的[164] 就像他们可能在战争中失利[165]，或是仪式上出错一样。[166] 在前文述及的社会中，人们都面临赠予的压力。无论何时，即使并非冬季的正式聚会时期，都有义务邀请朋友，与他们分享狩猎或食物采集的意外收获，毕竟这些收获来自神灵和图腾。[167] 无论如何，都有义务重新分配你作为受益人的所有东西[168]，或有义务通过赠予来承认由首领[169]、下属或亲友[170] 提供的某些劳务或其他服务[171]：若有违反，便得承受破坏礼节（至少对贵族而言）和失去地位的代价。[172]

当氏族强加给氏族或部落强加给部落时，邀请的义务是显而易见的。事实上，只有针对家族、氏族或胞族以外的其他人时[173]，它才有意义。邀请任何能来[174]、希望来[175]或实际出现在"波特拉奇"庆典[176]的人是很重要的。[177]不这样做会产生致命的后果。[178]一个重要的齐姆希安人神话[179]揭示了同样起源于这种心态的一些欧洲民间传说的基本主题：在洗礼或婚礼时被遗忘而未获邀请的邪恶仙女。这一主题所依据的组织机制在这里显而易见。我们看到它在哪些文明中发挥作用。一个齐姆希安部落的公主在"海獭之地"怀了孕，奇迹般地生下了"小海獭"。她带着孩子回到父亲担任首领的村落。"小海獭"抓了一条大比目鱼，他的外祖父便大摆宴席，款待所有部落的酋长同伴。他把外孙介绍给每个人，并嘱咐他们，如果他们在捕鱼时遇到海獭，或许是他的外孙的化身，则切勿杀死他："这是我的外孙，他给你们带来了食物，我已经为你们提供了食物，我的客人们。"就这样，这位外祖父变得富有起来。客人来到他家分享"小海獭"在冬季饥荒期间带回的鲸、海豹和鲜鱼时，还带来各种各样的礼物。然而，当初这位首领忘了邀请另外一位部落首领。某天，这位未被邀请的首领所在部落的一条渔船在海上遇到嘴里叼着一只大海豹的"小海獭"，船员杀死了他，并从他口中夺走了海豹。"小海獭"的外祖父和其他部落四处寻找"小海獭"，直至他们意识到未被邀请的部落所做的一切。后者的托辞是：他们并不知道"小海獭"是谁。他的母亲，那位公主，心碎而死。无意中犯下错误的部落首领给死者的外祖父带来了各种各样的礼物以弥补他的错误。神话的结论是[180]："这就是为什么当部落首领的儿子出生并被命名时，人们会举行一个盛大的节日，这样的话就没有人不知道他是谁了。""波特拉奇"对于财物的分配，是一种表示"确认"的基本行为，包含了军事、司法、经济和宗教等多重意义。人们"确认"酋长或他的儿子，并对他表示"感激"。[181]

克瓦基乌特人和其他部落所遵循的节庆仪式也时常表现出这种强制性邀请的原则。[182] 有时候，节庆活动以"狗之仪式"开始。具体的内容是一群戴着面具的男子走出一所房子，强行进入另一所房子。这是为了纪念一桩往事：当年，三个克瓦基乌特氏族忘了邀请地位最高的盖塔拉（Guetala）氏族[183]。后者不堪其辱，于是冲入载歌载舞的房子，毁掉了一切。

接受的义务同样具有约束力。一个人无权拒绝礼物，也无权拒绝参加聚会。[184] 如果拒绝，就是表明一个人害怕必须回报，害怕在回报之前被"压扁"[即失去自己的]名字。事实上，这已经是"压扁"了。这会导致附在这个人身上的名声"消退"。[185] 要么事先承认自己甘拜下风[186]，要么相反，在某些情况下，宣布自己是胜利者和无敌者。[187] 事实上，至少在"克瓦基乌特人"的等级制度中，一个公认的地位，以及在先前的"波特拉奇"中的胜利，允许一个人拒绝邀请，甚至在"波特拉奇"出现时，拒绝接受赠予也不会引发争斗。然而，对于拒绝的人来说，有义务举办"波特拉奇"；特别是，他必须让因为自己的拒绝而举办的"油脂宴"更加丰盛。[188] 认为自己高高在上的首领拒绝了赠送给自己的一匙油脂；然后首领去拿他的"铜器"，带着它回来，以便"灭火"（油脂之火）。接下来是一连串的程序，这意味着表示拒绝的部落首领有义务再办一次"波特拉奇"，即下一次"油脂宴"。[189] 但原则上，每一份礼物都会被接受，甚至受到盛赞。[190] 人们必须对为自己准备的食物表示赞赏。[191] 但是，通过接受它，你知道你是在自我承诺。收到礼物时"有负担"。[192] 一个人不仅仅是从一件事或一个节日中获得好处；他接受了一个挑战[193]，并且这样做是因为他肯定能够回报[194],以证明大家都是平等的。[195]通过以这种方式相互对抗,部落首领们将自己置身于一种他们显然心知肚明的滑稽情景中。就像在古代高卢或日耳曼地区,或在我们社会中那些由学生、士兵和农民举办的宴会上一样[196],出席者胡吃海喝,以便以这种可笑的方式向主人"致敬"。即使一个人只是挑战者的继承人,挑战也会被接受。[197]不给予,正如不接受,就像不回报一样,将会让自己掉价。[198]

回报的义务,不包括纯粹的破坏,构成了"波特拉奇"[199]的本质。这些破坏行为往往是牺牲性的,仅对神灵有益,对此不需要无条件地给予回报,特别是当此类破坏行为系氏族中被认为高人一等的首领或其他贵族所为的时候。[200]然而,通常情况下,"波特拉奇",就像每一份赠予一样,必须得到回报。每年利息一般在百分之三十至百分之百之间。即使一个部属因自己的某项劳务而从部落首领那里得到一条毯子,他也会在首领的家人结婚或首领的儿子继任等场合赠予两条毯子作为回报。显然,下一次,酋长会将他在此后的"波特拉奇"中从其他氏族那里聚敛而来的财富悉数分配给自己的部属。

有必要做出有价值的回报。[201] 如果一个人没有做出回报，或者没有破坏同等价值的财物，就会永远抬不起头。[202]

对没有履行回报义务的惩罚是因债成奴。至少，对于克瓦基乌特人、海达人和齐姆希安人而言，均是如此。这是一个在性质和功能上都可以与罗马法中的"债务口约"相媲美的机制。无法偿还借贷或在"波特拉奇"中不能履行回赠义务的个人，将失去其地位，甚至失去作为自由人的地位。在克瓦基乌特人中，一个信用差的人借钱时，他被称为"像奴隶一样卖身"。这和罗马人的说法有多一致，已毋庸赘言。[203]

海达人甚至有这样的说法——这种说法与拉丁语中的相关表达不谋而合——如果一位母亲因与年轻部落首领的母亲定了娃娃亲而赠送礼物，人们就会说这位母亲"拴了一根线在他身上"。[204]

但是，正如特罗布里恩人的"库拉"只是交换赠予的极端例子，北美西北海岸原住民社会中的"波特拉奇"也只是赠予体系另一种令人望而生畏的产物。至少在海达人和特林吉特人等生活的存在胞族的区域，仍然保留着大量曾经的"全体提供"机制的遗迹，而且，这也是与之相邻的重要部落阿萨巴斯卡人（Athapascan）的生活特征。礼物会因任何原因、任何"劳务"而交换，所有的东西都会在以后甚至马上归还，并立即再次分发。[205] 齐姆希安人大体上也遵守同样的规则。[206] 在许多情况下，在克瓦基乌特人中，这些规则甚至与"波特拉奇"无关。[207] 这一点是不言而喻的，对此将不再赘述。传统学者对"波特拉奇"的描述没有什么不同，以至于人们可能会怀疑其是否属于某种独特的机制。[208] 我们记得，对于支奴干人——一个我们所知甚少的部落，但可能是最值得研究的重要部落之一——"波特拉奇"一词代表的就是赠予。[209]

"物的力量"

可以进一步分析，并证明在"波特拉奇"期间交换的东西，存在着一种力量，迫使礼物被传递、给予和返还。

首先，至少在克瓦基乌特人和齐姆希安人的社会，存在类似于罗马人、特罗布里恩人和萨摩亚人对财物的各种区分。一方面,可共同消费和分享之物[210](我没有发现交换的迹象)。另一方面,还有属于家族的珍贵物品[211]、各种护身符、铜饰、皮毛毯子以及用徽章装饰的布匹。后一种财物被庄严地传递,就像在女儿出嫁时将"特权"移交给女婿[212],将姓名和等级移交给子女和女婿一样。在这种情况下,如果用让与来表示,显然是不准确的。这是一种借贷,而不是出售或真正放弃占有权。对于克瓦基乌特人而言,虽然在"波特拉奇"中会出现一定数量的物品,但却无法对其加以处分。事实上,这些"财物"是一个家族极不情愿地(有时甚至永远不会)让与他人的圣器。

对海达人进行更细致的观察,可以发现他们对事物也有同样的划分。事实上,他们就像古人一样,把财物和财富的概念神圣化。通过神话和宗教的努力,他们将其提升到一个把抽象概念实体化的水平,这在美洲地区是相当罕见的。其中就出现了被英国学者称为"财物女神"(the 'Property Woman')的神话,我们能找到相关的故事。[213]对海达人来说,一方面,她就是母亲,是占统治地位的胞族（"鹰族"）的始祖女神。但另一方面，这是一个奇怪的事实，唤起了人们对亚洲和古代世界的遥远回忆，她似乎与"木棍游戏"（tip-it）中的主角"女王"一模一样[214]，赢得了一切，并且用她的名字给部分地方命名。在特林吉特人生活的区域[215]，可以找到关于这位女神的神话；在齐姆希安人[216]和克瓦基乌特人的社会，即便并不膜拜她，也有关于她的传说。[217]

这些珍贵物品的总和构成了具备魔力的遗产；对于赠予者和接受者，以及为氏族提供这些护身符的神灵，或者是氏族的创始英雄（他们从神灵处获取了这些宝贝）来说，这些宝物始终如一。[218]无论如何，在每个部落，所有这些东西都源自神灵，并且具备精神本质。[219]此外，它们被放在一个盒子里，或者更确切地说，放在一个有纹饰的大盒子里[220]，这个盒子本身就被赋予了强大的个性[221]，能够说话，能够依附它的主人，能够容纳它的灵魂，等等。[222]

就像特罗布里恩群岛上的每一件珍贵的东西一样，这些标志性的财富都具有个性、名称[223]、品质和力量。[224]大鲍鱼壳，覆盖着这些壳的盾牌[225]，装饰着它们的皮带和毯子,以及那些织有脸面和眼睛、绣着人像和兽形的毯子——它们仿若活物。房屋、横梁和装饰过的墙壁[226]亦如此。所有的一切,屋顶,篝火,雕刻,绘画,都能言谈——因为这个巫术之屋不仅是由首领或他的族人,或是相对的胞族建造的[227],而且是由神灵和祖先建造的。而这屋子迎来送往的,包括逝去的魂灵,以及初涉人世的新人。

此外,每一件珍贵的物品[228]本身都拥有,并且能够产生力量。[229]这不仅仅是一个标志和保证;它也是财富的象征和保证,是地位和富足的巫术或宗教象征。[230]用来肃穆进食的盘子[231]和勺子[232],装饰、雕刻和点缀着氏族图腾或等级图腾,都是有灵性之物。它们是神灵给予祖先的取之不尽、用之不竭的工具、食物的创造者。它们自身被认为具有魔力。因此,这些宝物与神灵、先祖以及饮食器具混合在一起。克瓦基乌特人的盘子和海达人的汤匙是根据非常严格的规则流通的基本物品,被精心分配给氏族成员和首领的家族。[233]

"声名之利"[234]

但是,作为"波特拉奇"中交换的基本财物,纹饰铜器才是重要信仰的首要对象[235],甚至受人顶礼膜拜。[236] 首先,每个部落都有一个关于铜的崇拜和神话[237],铜被视为有生命之物。至少在海达人和克瓦基乌特人当中,铜被认同为鲑鱼,鲑鱼本身就是膜拜的对象。[238] 然而,除了这些形而上学和技术性的神话元素[239],所有的铜器分别是不同个体的特定信仰的对象。氏族首领家族中的每一块重要铜器都有它的名字[240]、它的个性、它的价值[241],即便几经"波特拉奇"活动的倒手,仍具有巫术、经济、永久和恒定的意义,哪怕它们曾遭受部分或完全的破坏。[242]

此外,铜器有一种完全的被其他铜制品感受到的吸引力,就像财富吸引财富,或尊严带来荣誉,带来神灵附体和成效显著的联盟[243],反之亦然。它们是活的,可以自主移动[244],并激发其他铜制品这样做。[245] 克瓦基乌特人有个传说[246],将一件铜器称为"铜制品的吸引者",故事描述了铜制品是如何围绕着它聚集的。同时，它主人的名字是"流向我的财物"。铜制品的另一个常见名称是"财物的使者"。在海达人和特林吉特人生活的地方，铜制物品在带来铜制物品的公主周围形成了一个"据点"[247]；在其他地方，拥有铜器的首领是不可战胜的。[248] 它们是家族中"神圣的扁平之物"。[249] 通常情况下，神话中会将给予铜器的神灵[250]、铜器的主人以及铜器本身认同为一体。[251] 我们无法区分是什么让一个人拥有了精神的力量，另一个人拥有了财富：铜器能说话，还会发牢骚。[252] 它要求被送走、被摧毁；它被毯子覆盖以保持温暖，就像首领下葬时也要覆盖上本来要与众人分享的毯子一样。[253]

然而，与物品一道传递的，还有财富[254]和好运。附体于物品传递之发起人的神灵，以及附体于其他参与者的神灵，将铜器和护身符的所有权赋予发起人，这些物品本身就是获取其他铜器、财富、等级直至神灵的手段，所有这些东西都具有同等的价值。总而言之，当人们考虑到铜器和其他永久性财富形式（它们是积蓄的对象，也是轮番出现于"波特拉奇"之物——面具、护身符，诸如此类），所有这些物品，无论用途还是效果，都共冶一炉。[255] 通过它们，一个人可以获得等级；正是因为获得了财富，才有了神灵。神灵附体使之成为克服一切障碍的英雄。而这位英雄又因其萨满附体、仪式舞蹈和他所统领的各种劳务而得到偿付。一切都在一起，浑然一体。事物具有了人格，而人格在某种程度上是氏族永恒的东西。头衔、护身符、铜制物品和首领的神都是同一性质和功能之物，是彼此相当的同义词。[256] 商品的流通遵循着男人、女人和孩子的流通，遵循着宴会、仪式、庆典和舞蹈的循环，甚至遵循着笑话和侮辱的交流。总而言之，这是一回事。如果一个人送礼、回礼，那是因为他给予并回报了"尊重"——我们今天依然强调"礼节"。不过，这也是因为给予物品就是献出自己，而如果一个人献出自己，那是因为他本人——他自身，以及他的财物——有"欠"于人。

初步结论

综上，在四个重要的族群当中，我们发现了以下几点：在两到三个群体中，存在"波特拉奇"；然后发现了"波特拉奇"产生的主要原因和正常形式；除此之外，在所有这些群体中，古老的交换形式表现为礼物的赠予与回赠。此外，我们将这些社会中的物品流通与权利循环及和人的流动联系起来。我们不妨就此止步。这些事实的数量、程度和重要性充分证明了我们对该体制的构想是正确的：这个体制应该在非常漫长的过渡阶段为人类的很大一部分人所共有，而且，至今仍然存在于我们所描述的那些族群之中。这些现象让我们认为，"交易赠予"的原则必定是已经超越了"全体提供"（从一个氏族到另一个氏族，从一个家族到另一个家族）阶段的社会的原则，但这个社会还没有形成纯粹的个体契约以及货币流通的市场，还没有确切意义上的买卖，最重要的是，缺乏以经过计量与命名的货币来估算价格的观念。

注 释

[1] *Die Stellung der Pygmäenvölker*, 1910. 在此问题上,作者无法认同施密特神父的观点。参见 *Année Sociologique* 12:65 ff。

[2] *Andaman Islanders*, 1922, p. 83. "虽然这些物品被视为礼物,但他们希望收到同等价值的东西,如果返回的礼物不如预期,他们会感到恼火。"

[3] Ibid, pp. 73, 81;亦参见 p. 237。布朗接着观察到这种契约活动的状态极不稳定,容易引发旨在避免质疑的情况。

[4] P. 237.

[5] P. 81.

[6] 这一事实完全可以与澳大利亚纳林耶里部落(Narrinyerri)中充当贸易代表的"尼格尼帕"(ngia-ngiampe)之间互赠充当信物的"卡尔杜克"(kalduke),以及澳大利亚迪耶利部落

(Dieri)适当留存的"育钦"(Yutchin,即赠送远行者承诺带回礼物的毛绳)相提并论。对于上述关系,本文后续还有讨论。

[7] P. 237.

[8] Pp. 245-6. 布朗就这些表现的公共属性、情感的一致性以及其表现形式的强制性和自由性,提出了相当精辟的社会学理论。这里还有另一个相关问题,提请各位注意,参见'Expression obligatoire des sentiments', *Journal de Psychologie*, 1921。

[9] 参见 Chapter 1, p. 18; Ch. 1, n. 79, p. 97。

[10] 关于波利尼西亚,可能需要再次讨论货币问题。见上文第一章相关注释,关于萨摩亚席垫的报价。大斧、玉片、"提基"(tiki)、鲸牙无疑属于货币的品类,除此之外还包括大量的贝壳和水晶。

[11] 参见'La monnaie néo-calédonienne', *Revue d'Ethnograhie*, p. 328(1922),特别是关于丧礼结束时流通的货币,以及原则,p. 322。亦参见'La fête du pilou en Nouvelle-Calédonie', *Anthropologie*, p. 226 ff。

[12] Ibid, pp. 236-7; 亦参见 pp. 250, 251。

[13] Ibid, p. 247; 亦参见 pp. 250-1。

[14] 'La fête du pilou…', p. 263; 'La monnaie…', p. 332。

[15] 这似乎属于波利尼西亚的司法象征。在曼盖亚群岛

(Mangaia Islands),"盖得很好的房子"作为和平的象征,将众神和氏族聚集在一个"精心编织的屋顶"下:Wyatt Gill, *Myths and Songs of the South Pacific*, p. 294。

[16] Fr Lambert (1900) in *Moeurs des Sauvages néo-calédoniens*,描述了若干"波特拉奇"的活动:one in 1856, p. 119;一系列葬礼,pp. 234-5;因为迁葬而出现"波特拉奇",pp. 240-6. 他明白了这样一个事实,战败首领遭受的屈辱,甚至远走他乡,是对没有得到回报的赠予以及"波特拉奇"的制裁,p. 53;他明白"每一份礼物都需要另一份礼物的回报",p. 116;他使用了流行的法语表达"一报还一报"(*un retour*),意思是根据规则回报的礼物;在首领的小屋里陈列着这些回礼,p. 125。到访时必须送礼物。它们是婚姻的一个条件,pp. 10, 93-4;赠予是不可撤销的,而且"还礼是带着利息的",特别是对特殊类型的表亲"本格阿穆"(bengam),p. 215。三重舞,即现在的舞蹈形式(见后文),是一个引人注目的例子,形式主义、仪式主义和司法美学完美融合在一起。

[17] 参见 '*Kula*', *Man*, July 1920, no. 51, p. 90 ff.; Malinowski (1922) *Argonauts of the Western Pacific*, London。本节中未另行说明的所有参考文献均指该书。

[18] 然而,马林诺夫斯基在第 513 页和第 515 页的相关表述夸

大了他所描述的事实的创新性。首先,"库拉"实际上只是美拉尼西亚相当常见的一种部族间"波特拉奇"活动,属于兰伯特神父(Fr Lambert)所描述的探险,以及如斐济人的"奥洛-奥洛"(Olo-Olo)等这类远航出征。参见 Mauss(1920)'Extension du potlatch en Melanésie',('Procès-verbaux de l'I. F. A.'),*Anthropologie*。在我看来,"库拉"这个词的含义似乎与其他同类型的词的含义有关,例如,"乌鲁-乌鲁"(ulu-ulu)。参见 Rivers,*History of the Melanesian Society*,vol. 1, p. 160; vol. 2, pp. 415, 485。然而,在某些方面,即使是"库拉",也不如北美地区的"波特拉奇"那般具有特色:这些岛屿比不列颠哥伦比亚海岸的岛屿更小,社会积贫积弱。在北美西北海岸中,我们可以找到部落间"波特拉奇"的所有特征。其中甚至可能会出现真正的跨族群交换,例如,海达人与特林吉特人之间["锡特卡"(Sitka)实际上是这两个部落共同的城镇,纳斯河(Nass River)则是他们经常见面的地方];克瓦基乌特人与贝拉库拉人(Bellacoola)和黑尔塔克人(Heiltauq);海达人与齐姆希安人(Tsimshian)之间,等等。这也揭示出事情的本质:交换的形式通常可以扩展,并且都是跨族群的。毫无疑问,在那里,就像在其他地方一样,他们开创并践行了部落之间的商业关系,这些部落同样富足,同样逐浪而生。

[19] 马林诺夫斯基赞成"库拉圈"(kula ring)的说法。

[20] P. 97:"高贵的等级"(noblesse oblige)。

[21] 参见 p. 473 对于谦虚的表达:"我剩下的食物,拿去吧;我今天带它来给你。"他一边说,一边递上一条精美的项链。

[22] 参见 pp. 95, 189, 193。为了让欧洲人理解,马林诺夫斯基(第187页)故意使用了"报酬""礼物"和"商业交易"这样的说法,而"商业交易""报酬"等词都是欧洲人能够理解的概念。

[23] 参见 'Primitive Economics of the Trobriand Islanders', *Economic Journal*, March, 1921。

[24] 名为"坦纳瑞瑞"(tanarere)的仪式,即在"穆瓦"(Muwa)的海滩上展示探险的成果,pp. 374-5, 391。参见 Uvalaku of Dobu, p. 381(20-21 April)。他们决定谁最帅,也就是说,谁最幸运,谁是最好的交易者。

[25] 与"瓦沃拉"(wawoyla)相关的仪式,pp. 353-4;与"瓦沃拉"相关的巫术,pp. 360-3.

[26] 参见上文,n. 21。

[27] P. 471. 参见 the frontispiece and the photographs of plates 60 ff。参见 p. 61。

[28] 在此我们特别指出,可以将这些道德品质与《尼各马可

伦理学》中关于"慷慨""自由"的论述加以比较。

[29]关于货币概念使用的原则说明:尽管存在反对意见,参见 Malinowski（1923）'Primitive currency', *Economic Journal*, 我们仍然使用"原始货币"这个术语。马林诺夫斯基此前曾抗议滥用该术语（*Argonauts*, p.499, n.2）,并批评塞利格曼（Seligmann）的命名法。他认为,货币,应专指不仅作为交换媒介,而且可以被用来作为价值衡量标准的物品。就原始社会中价值观念的运用,西米安（Simiand）也曾向本书作者提出过同样的反对意见。从各自的立场出发,这两位学者的观点都不无道理。然而,他们所理解的"金钱"和"价值"概念应该说是狭义的。从他们的观点出发,只有存在货币的地方才会出现经济价值的问题,只有当珍贵的物品,即财富的内在形式和财富的标志被真正作为一般等价物时,货币才会出现,也就是说,被刻印出来并去人格化。除了刻印货币的有权主体,货币与任何法律实体（无论是集体的还是个人的）均没有任何关系。但其实这里所涉及的仅仅是应该在多大范围内使用货币概念的问题。在我看来,只能用这种方式定义我们自己所使用的货币。

在以金、铜、银为货币的社会之前的所有社会形态中,都存在利用其他东西（特别是石头、贝壳和贵金属）作为交换和偿付手段的现象。今天,我们周围相当多的社会组织中,依然存在类似的自我认同系统并在现实中发挥作用，而这正是我们所描述的系统。

的确，这些珍贵的物品不同于我们通常认为的清偿债务的工具。首先，除了经济性质和价值，它们还具有某种神奇的性质，而且最重要的是，它们是护身符——生命的给予者。正如里弗斯过去所说，佩里和杰克逊现在仍然坚持这样的观点。它们确实在特定社会内部，甚至在不同社会组织之间存在非常广泛的流通。但它们仍然依附于个人或宗族（最早的罗马货币是氏族铸造的），依附于其前所有者的个性，依附于律法实体之间签订的合同。他们的价值仍然是主观的和个人的。例如，在美拉尼西亚，由螺纹海贝组成的货币价值仍然是以送礼者的指距来衡量的（参见 Rivers, *History of the Melanesian Society*, vol. 1, pp. 64, 71, 101, 160 ff. vol. 2, p. 527; the expression Schulterfaden in Thurnwald, *Forschungen*, vol. 1, p. 189, v. 15; vol. 3, p. 41 ff. *Hüftschnur*, vol. 1, p. 263, line 6, etc.）。后文中，我们将看到相关机制的其他重要示例。诚然，这些价值观是不稳定的，缺乏作为标准或衡量标准的特征。例如，这些所谓货币的价值随着使用其进行交易的数量和规模而上升或下降。马林诺夫斯基非常巧妙地将特罗布里恩群岛上居民的"瓦古阿"与皇冠上的珠宝相比较，该岛居民在远航中获得了声望。同样，北美西北部的铜质装饰物和萨摩亚人的席垫通过一次又一次"波特拉奇"及相关交换而有所增值。

另外,从两个角度来看,这些珍贵物品在我们的社会中与货币具有相同的功能,因此至少应该被归入同一类别。这些物品具有购买力,而购买力对应着一个数字。对于这样那样的北美西北地区的铜器,需要以特定数量的席垫作为交换的对价,而不同种类的"瓦古阿"对应着特定数量的山药。数字的概念是存在的,即使这个数字是以不同于国家权威的方式固定的,并且在"库拉"和"波特拉奇"的继承过程中有所不同。此外,这种购买力确实可以清偿债务。即使它只在个人、氏族和某些部落之间,或者只在伙伴之间被承认,但仍然是公开的、官方的和固定的。马林诺夫斯基的朋友"布鲁多"(Brudo)和他一样长期居住在特罗布里恩群岛,他用"瓦古阿"付给珍珠渔民的工钱,和他用欧洲货币或固定价值的货物偿付的钱一样多。从一个系统到另一个系统的转换没有任何障碍,因此是可能的。阿姆斯特朗在谈到特罗布里恩群岛附近的罗塞尔岛(Rossel Island)上使用的货币时,给出了非常明确的迹象,如果有错误,他会坚持和我们一样的错误。(参见'A unique monetary system', *Economic Journal*, 1924,文中有我们要找的证据。)

根据我们的观点，在很长一段时间内，人类发现自己举步维艰。首先，在最初的阶段，人们发现某些东西，似乎具有魔法，不仅本身十分珍贵，而且不会因使用而被磨损坏，这些东西因此被赋予了购买力。参见 Mauss（1914）'Origines de la notion de monnaie'，*Anthropologie*，in 'Procès-verbaux de l'IFA'。在这个阶段，我们只是发现了货币的早期起源。然后，在第二阶段，在成功地将这些物品在部落内部和部落以外的广大地区流通之后，人类发现，这些购买工具可以作为确定财富多少以及将这些财富流通的手段。这就是我们正在描述的阶段。正是这一阶段之后，在闪米特社会一个相当早期的时代（但无疑还不算非常古老），此为第三个阶段，人们发现了将这些珍贵的物品跟群体和个体分开的方法，以便将它们变成衡量价值的永久工具，甚至是一个普遍的衡量标准，尽管称不上合理——因而同时在等待其他更好的选项出现。

因此，在我们看来，有一种形式的货币先于我们自己的货币。这并未考虑由有用之物充当的货币，例如，在非洲和亚洲一度盛行的铜、铁等的薄片和碎块，也没有考虑我们古代社会和当今非洲社会常见的作为家畜的牛。

我们为不得不在这些非常广泛的问题上厚此薄彼而道歉。但它们与我们的主题有着非常密切的联系，必须弄清楚。

[30] 似乎在特罗布里恩群岛，女性，像美洲西北部的女性土著头面人物一样，与其他一些人一起，在某种程度上充当了展示物品的手段……而没有考虑到她们以这种方式被"迷住"的事实。参见 Thurnwald, *Forsch. Salomo Inseln*, vol. 1, pp. 138, 159, 192, v. 7。

[31] 参见 below, n. 41。

[32] 参见 'Kula', *Man*, 1920, p. 101。马林诺夫斯基告诉我们，他还没有找到，至少没有解释这一循环方向的任何神话或其他原因。但对其加以考证非常重要。因为，如果这些物体的方向有任何原因，使它们倾向于回到它们的原点，沿着一条神话起源的路径，那么事实将与波利尼西亚的毛利人的"昊"奇迹般地相同。

[33] 文明与贸易的问题，参见 Seligmann, *The Melanesians of British New Guinea*, Chapter 33 ff; *Année Sociologique* 12：374; *Argonauts*, p. 96。

[34] 库拉对于土著人来说"非常重要"(*Argonauts*, p. 96)。

[35] Ibid.

[36] Pp. 492, 502.

[37] "间接伙伴"(*muri muri*，参见 *muri*, Seligmann, *Melanesians*, pp. 505, 752)，至少有一部分交易对象（仿若今天银行的客户经

理）对此知情。

[38] 参见 pp. 89 and 90，关于仪式物品的一般性质的明智观察。

[39] P. 504，交易对象的名称，pp. 89, 271。参见 the myth, p. 233：听人谈论神灵的方式。

[40] P. 512.

[41] P. 513.

[42] P. 340; commentary, p. 341.

[43] 关于海螺壳的使用，参见 pp. 340, 387, 471。参见 Plate 61。这种贝壳是一种乐器，在每一次交易中，在公共用餐期间的每一个庄严时刻，都会吹奏海螺。关于海螺的使用历史，请参见 Jackson（1921）*Pearls and Shells*（University of Manchester Series）。

在节日和契约仪式期间小号和鼓的使用，多见于黑人社会（几内亚人和班图人）、亚洲、美国和印欧等地。这种现象与我们研究的法律和经济主题有关，值得单独研究，而其本身的历史也值得关注。

[44] P. 340. *Mwanita, mwanita.* 参见基里维纳的前两行文字（在我们看来，第二行和第三行），p. 448。该咒语的第一个词"姆瓦尼塔"指的是一种长有环形黑甲的长长的虫子，它和海

菊蛤贝壳项链很相似，后者也是由许多环组成，p. 341。

下面这段召唤，也是一种咒语：

> 一起到那儿去吧；我会使你一起到那去的！一起到这儿来吧；我会使你一起到这儿来的！彩虹出现在那儿；我会使彩虹出现在那儿！彩虹出现在这儿；我会使彩虹出现在这儿！

据当地人说，马林诺夫斯基认为彩虹仅仅是一种预兆。但它也可以指珍珠母发出的许多杂色反射。"一起到这儿来吧"，这句话指的是收集到的宝物。"这儿"和"那儿"的文章游戏，在土著语言中，是用发音"m"和"w"来表示的，作为一种可以互换的构形成分，它们非常频繁地用在巫术之中。

然后是引言的第二部分："我是唯一的人，唯一的首领，等等。"但这只是其他观点，特别是对"波特拉奇"的兴趣的观点。

[45]像这样翻译的单词（见第449页）是 *mwnumwaynise*，是 mwana 或 mwayna 的叠加词，表示"心痒痒"或"兴奋状态"。

[46]我认为肯定有这样一句话，因为马林诺夫斯基断然地说（第340页），这个咒语的关键词表示控制伙伴的精神状态，这将使他给予慷慨的礼物。

[47]这一禁忌通常是由于库拉和萨伊的葬礼节日而强加的，

目的是收集必要的食物和棕榈仁,以及珍贵的物品。见第347、350页。咒语还会延伸到食物上。

[48]项链的各种名称,我们暂不讨论。这些名称指代不同项链,即"巴吉"(*bagi*)的组合(p.351)。项链还有其他特殊的名字,它们也是以同样的方式被附上咒语的。

由于这套歌咒出现在锡纳基塔,而在那里,人们追求的是项链,并不重视臂镯,所以只提到了项链。基里维纳的"库拉"也采用了同样的歌咒。不过,在这里,臂镯很受追捧,因此提到的是不同种类臂镯的名称,其余的部分则保持不变。

咒语以一种典型的,而且只能从"波特拉奇"的角度来看饶有趣味的角度结尾:

> 我将"库拉",我将抢走我的"库拉";我将偷走我的"库拉";我将剽窃我的"库拉"。我将"库拉"直至我的独木舟下沉……我的名声像雷鸣,我的脚步像地震。

[49] P. 344;commentary,p. 345. 咒语的结尾与我们刚才引用的一样:"我将'库拉'",等等。

[50] P. 343. 参见 p. 449,这给第一行的文本提供了语法注释。

[51] P. 348. 这一节出现在这段歌咒(p. 347)之后:你的暴怒落潮了。接下来是同一系列的"多布的女人"(p. 27)。多布的妇女是禁忌,而基里维纳的妇女会与到访者交欢。咒语的第

二部分也是如此。

[52] Pp. 348, 349.

[53] P. 356. 或许这属于关乎特定信仰的神话。

[54] 这里可以使用莱维·布鲁尔（Lévy Bruhl）经常使用的概念："参与"（participation）。但事实上，这一概念的词源，特别是对于我们现在描述的法律判断和公共程序而言，多少有些混乱不清。

这里讨论的是原则，没有必要讨论其后果。

[55] P. 345 ff.

[56] P. 98.

[57] 也许这个词还暗指由野猪牙制成的古代货币。

[58] 使用"勒布"（*lebu*），p. 318. 参见"神话"，p. 313。

[59] 猛烈谴责（*injuria*），p. 357（相关的大量歌诀，参见 Thurnwald，*Forsch*. vol. 1）。

[60] P. 359. 据说存在某种著名的"伐乙古阿"："许多人宁愿为其而死。"至少在多布人（p. 356）的情况下，似乎可以认为，"约蒂勒"一直都是"姆瓦利"，即臂镯，而这是交换中的女性原则："我们不会'夸伊波卢'（kwaypolu）或'波卡拉'，这些与女性有关。"但在多布人当中，只有臂镯受到追捧，所以这种现象也可能没有其他意义。

[61] 这里似乎有几种不同的交换体系混合在一起。"巴希"可能是一条项链（参见 p.98），或者价值较低的臂镯。但你也可以把其他不严格属于"库拉"的东西作为"巴希"：盛石灰的勺子（用来制作咀嚼用的槟榔）、粗糙的项链、磨光的大斧子（"贝库"）（pp.358,481），从这个阶段开始，便也成为一种货币。

[62] Pp.157, 359.

[63] 马林诺夫斯基的著作，和杜恩瓦尔德一样，展示出了真正社会学家所具有的卓越观察力。此外，正是杜恩瓦尔德针对"布因"（Buin）部落被称为"玛莫克"（*mamoko*）的安慰性赠予的介绍，引领本书作者走上正轨，接触到了相关事实。

[64] P. 211.

[65] P. 189. 参见 Plate 37。参见 p.100，'secondary trade'。

[66] 参见 p.93。

[67] 这些礼物似乎有一个通用的名字，"瓦沃拉"（wawoyla）（pp.353-4；参见 pp.360-1）。参见 *Woyla*，'*kula* courting'，p.439，在一个巫术歌诀中，列举了未来交互对手可以拥有的所有物品，而其"引爆点"必须由赠予者决定。事实上，这些物品就是随之而来的一系列赠礼。

[68] 这是最通用的术语："提供商品"（pp.205, 350, 439）。

"瓦塔伊"(vata'i)一词指的是多布人制作的相同礼物。参见 p. 391。这些"见面礼"在歌诀中有所展示:"我的莱蒙壶,它在沸腾;我的梳子……我的筐子……我的小篮子,等等(同样的主题和表达方式,见 p. 200)。

除这些通用名称外,一般情况下,各种赠礼都有具体名称。锡纳基塔人为多布人提供的食物(反之则不然)有一个简单的名字叫"波卡拉",相当于"工资""供品"等。同时也被称为"波卡拉"的还包括"古古阿"(gugu'a),即"个人物品"(p. 501;亦参见 pp. 270, 313),个人为了吸引(pokapokala, p. 360)未来的交换对象而剥夺自己的财物。在这些社会中,个人使用的物品与属于家庭中耐用物品和流通商品的"财物"之间存在着非常明显的差异。

[69]例如 p. 313, *buna*。

[70]例如 the *kaributu*(pp. 344, 358)。

[71]"我的伙伴和我同一氏族('卡卡维约古')一样——他可能会跟我打仗。我的真正亲戚('维约古')是同一条脐带,总是站在我这边"(p. 276)。

[72]这就是"库拉"的魔力,"姆瓦西拉"(*mwasila*)所在。参见 pp. 74-5。

[73]事实上,远征队的首领和船只的首领具有优先权。

[74] 一个关于英雄"卡萨布瓦布瓦雷塔"(Kasabwaybwayreta)的有趣神话(p. 342),将所有这些原因结合在一起。我们可以了解这位英雄是如何超越"库拉"的其他参与者,最终获得著名的项链"古马卡拉科达科达"(Gumakarakedakeda)的故事,亦参见 the myth of Takasikuna(p. 307)。

[75] P. 390. At Dobu,参见 pp. 362, 365。

[76] 关于石斧交易,请参见 Seligmann, *Melanesians*, pp. 350, 353."库洛图马纳"(korotumna)通常是用鲸骨装饰的勺子,装饰的勺子也可以用作"巴兮"。还有其他中间阶段的礼物。

[77] 在锡纳基塔,而非多布。

[78] Pp. 486-91. 关于将这些习俗扩展到所有被定义为北马西姆文明的论述,参见 Seligmann, *Melanesians*, p. 584。这里有对"瓦拉加"的描述。pp. 594, 603;参见 *Argonauts*, pp. 486-7。

[79] P. 479.

[80] P. 472.

[81] 姐夫或妹夫制作和赠送的"姆瓦利"以"由洛"(*Youlo*)的名字命名(pp. 280, 503)。

[82] P. 171 ff.;亦参见 p. 98 ff.。

[83] 例如,在建造船只、收集陶器或提供食物方面。

[84] 整个部落生活无非一种不断的"给予和接受",每一个仪

式、每一个律法或习惯行为都只会伴随着一份物质礼物和一份礼物。财富的给予和获得是社会组织、首领权力、血缘或婚姻纽带的主要工具之一（p. 167）。

以上参见 pp. 175-6 及 *passim*（参见 index：*Give and Take*）。

[85] 通常和"库拉"之舞一模一样，连参与者都往往别无二致（p. 193）；关于"瓦西"的描述，参见 pp. 187-8 及 Plate 36。

[86] 时至今日，尽管会让采集珍珠的渔民遭受不利和损失，但这一义务仍然有效，他们不得不继续捕鱼，并损失大量工资来履行纯粹的社会义务。

[87] 参见 Plates 32, 33。

[88] *sagali* 一词意味着分发分配（与波利尼西亚语中的 *hakari* 类似），p. 491。相关描述参见 pp. 147-50, 170, 182-3。

[89] 参见 p. 491。

[90] 尤其是在葬礼方面。参见 Seligmann, *Melanesians*, pp. 594-603。

[91] P. 175.

[92] P. 323. 另外一个术语是 *Kwaypolu*（p. 356）。

[93] Pp. 354, 378-9.

[94] Pp. 163, 373. "瓦卡普拉"又可进一步分门别类。例如，

"初始礼"（*vewoulo*）和"终结礼"（*yomelu*）。而这证明了其与"库拉"的同一性。可参见其与"约蒂勒"的关系。相关偿付中的一些各具专名，"卡里布达博达"（*karibudaboda*）指代给在船上工作的人的报酬，还可以扩展至偿付给那些在田地里工作的人的报酬，特别是给农作物的最终报酬，如果是偿付给收获季节帮助收割的姐夫或妹夫的报酬（pp. 63-5, 181），或偿付给完成项链制的报酬（pp. 183, 394），则被称为"乌里古布"（*urigubu*）。款项足够大时，这种偿付还被称为"苏萨拉"（*sousala*）。"由鲁"（*Youlu*）是制作手镯的报酬名称。"普瓦亚"（*Puwaya*）是作为对伐木工人团队的鼓励而提供的食物。可以参考下列美丽的歌谣（p. 129）：

> 猪、椰子（饮料）和山药都吃完了，
> 我们仍在拖着沉重的东西前进。

[95] "瓦卡普拉"和"玛普拉"这两个词是动词"普拉"（*pula*）的不同语气，"瓦卡"（*vaka*）显然属于表达因果成分的构成部分。关于"玛普拉"，参见 pp. 178 ff., 182 ff. 马林诺夫斯基经常将之翻译成"偿付"。而其通常被比作"油膏"，缓解了因提供劳务而产生的困难和疲劳，补偿了所提供的物品或秘密以及所给予的所有权和特权的损失。

[96] P. 179."基于性关系做出的赠予"，又被称为"布瓦纳"

(*buwana*)和"色布瓦纳"(*sebuwana*)。

⁹⁷参见前面的注释:"卡比吉朵亚"(*Kabigidoya*,p.164)指代诸如新船下水时的展示,以及他们所采取的行动(打破新船船头)……以及归还赠礼等活动。还有其他词语专门指代船只的位置(P.186),对于赠予的欢迎(P.232),等等。

⁹⁸"博纳"(*Buna*),即赠予的大贝壳(p.317)。

⁹⁹"由洛",为帮助收获作物而赠予的"伐乙古阿"(p.280)。

¹⁰⁰Pp.186,426,etc. 指代具有高利贷性质的回赠。还有另一个叫法,"乌拉-乌拉"(*ula-ula*),用于通过巫术歌诀实施的单纯购买——如果奖品和礼物非常可观时,还被称为"苏萨拉"(*sousala*)。除了向生者提供,"乌拉-乌拉"也被用于向死者献祭,等等。

¹⁰¹Brewster (1922) *Hill Tribes of Fiji*, pp.91-2.

¹⁰²Ibid, p.191.

¹⁰³Ibid, p.23. 有人认为其与"塔布"(*tambu*)一词有关。

¹⁰⁴Ibid, p.24.

¹⁰⁵Ibid, p.26.

¹⁰⁶Seligmann, *Melanesians* (Glossary, p.754; and pp.77, 93, 94, 109, 204).

[107]相关描述参见上述文献中对于"多阿"(*doa*)的提法,ibid, pp. 71, 89, 91, etc.

[108] Ibid, pp. 95, 146.

[109]在这套礼物体系中,货币并不是唯一的东西,新几内亚湾的这些部落用一个与波利尼西亚单词相同的名字来称呼它,并且具有相同的含义。本书已经在第一章对其有所提及。新西兰原住民(莫图部落和科伊塔部落)中的所谓"分发",即"哈卡里"(*hakari*)和"赫卡莱"(*hekarai*),即与塞利格曼为我们描述的新几内亚原住民的节庆食品大展具备相同性质(参见 *Melanesians*, pp. 144-5, Plates 16-18)。

[110]参见本书第一章相关部分。值得注意的是,在莫图部落方言(班克斯群岛)中,*tun* 一词显然与 *taonga* 完全相同,含义是"购买"(尤指女性)。英国人类学家科德林顿(Codrington)在名为"神灵(Qat)购买夜晚"的神话中(*Melanesian Languages*, pp. 307-8, n. 9)将其翻译为:"以高价购买"。事实上,这是根据"波特拉奇"规则进行的购买,在美拉尼西亚的这一地区得到了很好的证明。

[111]相关文件参见 *Année sociologique*, 12:372。

[112]特别参见 *Forsch.*, vol. 3, pp. 38-41。

[113] *Zeitschrift fur Ethnologic*, 1922.

[114] *Forsch.*, vol. 3, Plate 2, n. 3.

[115] *In Primitive New Guinea*, 1924, p. 294.

[116] 事实上,霍姆斯对中间状态的赠予制度的描述相当不充分。

[117] 相关部分可参见本文第一章。我们稍显牵强地翻译为"出售"和"购买"的这两个词的不确定含义,并非太平洋社会所独有。本书稍后将在第三章回到这个主题,但我们已经提醒读者,即使在我们的日常语言中,"买卖"一词也可以同时表示买卖和购买,而在汉语中,表示买卖和购买行为的单音节之间只存在音调差异。

[118] 其中包括十八世纪以来的俄罗斯人和十九世纪初以来法属加拿大地区的陷井捕兽者。

[119] 其中关于奴隶贩卖的部分,参见 Swanton,'Haïda Texts and Myths', *Bur. Am. Ethn. Bull*, 29:410。

[120] 下列出处列明了有关"波特拉奇"的理论著作摘要参考书目:Intro., n. 6, p. 85; Intro, n. 13, p. 86.

[121] 相关概要列举虽然没有任何根据,但十分必要。有一点需要指出,无论是部落的数目和名称,抑或部落的相关机制,都不十分完整。

本章忽略了大量的部落,主要包括:(1)努特卡人(Nootka），即：瓦卡什人（Wakash）或克瓦基乌特人，以及他们的临近部族，即贝拉库拉人；（2）居住在南边海岸的萨利什人（Salish）。此外，对"波特拉奇"的延伸研究应该进一步向南，直到加利福尼亚。在那里（从其他角度来看，这是值得注意的），这一赠予机制似乎在属于所谓的佩努蒂亚人（Penutia）和霍卡人（Hoka）社会中广泛存在。例见 Powers, 'Tribes of California', *Contributions to North American Ethnology* 3：153（Porno），238（Wintun），303, 311（Maidu）；其他部落的情况，参见 pp. 247, 325, 332, 333；总体评价，参见 p. 411。

最后，本书用区区数语描述的机制和艺术其实极为复杂，某些未被提及的机制和艺术丝毫不亚于本书提到的部分。例如，在北美，陶器堪称畏首畏尾之物，而这种艺术形式，仅仅位于南太平洋文明的最底层。

[122]帮助我们研究这些原始社会的资料来源多种多样。这些资料非常可靠，内容丰富，由转录和翻译的文本组成。简要目录可参见 Davy, 'Foi jurée', pp. 21, 171, 215。对此，主要的补充，参见 F. Boas and G. Hunt（1921）'Ethnology of the "Kwakiutl"'（henceforth *Ethn. Kwa.*），35*th Annual Report of the Bureau of American Ethnology*；F. Boas（1916）'Tsimshian Mythology', 31st *Annual Report of the Bureau of American Ethnology*, pub-

lished 1923, henceforth, *Tsim. Myth.*。然而，所有这些资料来源都存在缺点：要么是早期的资料来源存在缺陷，要么虽然是较新的资料来源，但细节和深度都不足以满足我们目前的关切。博阿斯和其同仁在"杰瑟普探险"（Jesup Expedition）中的注意力集中在文明的物质方面、语言学和神话文学上。即使是早期的专业民族志学家如克劳斯（Krause）和雅各布森（Jacobsen）的研究，或者萨皮尔（Sapir）、希尔·图特（Hill Tout）等人的晚近研究，也遵循同样的思路。司法和经济分析以及人口统计要么有待进行，要么至少有待补充。（然而，阿拉斯加和不列颠哥伦比亚的各种人口普查都对社会形态进行了评论。）巴博（Barbeau）保证给我们贡献一本体系完整的关于齐姆希安人的专著。我们等待着这一不可或缺的资料，希望可以预见的将来，尽快看到有人能够效仿。关于经济和法律的许多问题，文献越古早，质量越高：俄罗斯旅行者留下的文献，克劳斯研究特林吉特人以及道森研究的海达人、齐姆希安人和克瓦基乌特人的文献，其中大多数都出现在《加拿大地质调查公报》（Bulletin of the Geological Survey of Canada）或《加拿大皇家学会学报》（Proceedings of the Royal Society of Canada），其他的资料如 Swan（1870），'Indians of Cape Flattery', *Smiths. Contrib. to Knowledge*；Mayne（1862），*Four Years in British Columbia*。上述研究的时间点，赋予其明确无误的权威性。

在这些部落的命名法中，出现了一个困难。克瓦基乌特人形成了一个部落，并将自己的名字传给了其他几个部落，这些部落与克瓦基乌特人结成联盟，以这个名字组成了一个真正意义上的政治实体。这就导致我们需要一次又一次试图弄清楚我们指的是哪一个克瓦基乌特部落。如果没有提供进一步的细节，此名称泛指整个克瓦基乌特人分布的地区。此外，克瓦基乌特这个词的本意是有如"点缀世界的烟雾"的富足，本身就指出了我们将要描述的经济事实的重要性。我们在此无疑复制了这些语言的所有拼写细节。

[123] "奇尔卡特"挂毯的描述，参见 Emmons, 'The Chilkat Blanket', *Mem. of the Amer. Mus. of Nat. History*, vol. 3。

[124] 参见 Rivet, in Meillet and Cohen, *Langues du Monde*, p. 616 ff。另见 Sapir（1915）, 'Na-Déné Languages', *American Anthropologist*，此文最终将特林吉特语和海达语追溯为阿萨帕斯卡语的分支。

[125] 为了获得更高等级而赠予的做法，参见 Davy, 'Foi jurée', pp. 300-5。美拉尼西亚的类似事例，参见 Codrington, *Melanesians*, p. 106 ff.; Rivers, *History of the Melanesian Society*, vol. 1, p. 70 ff。

[126] "晋升"这个词必须从字面上和比喻上理解。正如"后吠陀"中的"法贾皮亚"仪式包含升天梯一样,美拉尼西亚仪式也包括让年轻的首领登上一个平台。西北部的斯纳纳伊穆克人(Snahnaimuq)和舒莎瓦普人(Shushwap)也会搭起台子,好让首领在那里分发"波特拉奇"的礼物。Boas (1891) 'Fifth Report on the Tribes of North Western Canada', *British Association for the Advancement of Science*, p. 39; (1894) 'Ninth Report', *Br. Ass.*, p. 459. 其他部落更常见的是只有首领和兄弟会高级成员才会坐到台上。

[127] 老派学者梅恩、道森、克劳斯等就是这样描述该机制的。特别参见 Krause, *Tlinkit Indianer*, p. 187 ff., 这是一个老派学者的文献集合。

[128] 如果语言学家的假设是准确的,如果特林吉特人和海达人仅仅是采纳了西北文明的阿萨帕斯人(这一假设与博阿斯的假设相去甚远),那么特林吉特人和海达人的"波特拉奇"活动的原始特征将是不言自明的。北美西北部"波特拉奇"活动中出现的暴力事件,也有可能是因为这种文明是两个享受这种文明的部族文明的交汇点,其中一种文明来自南加州地区,另一种来自亚洲。

[129] Davy, 'Foi jurée', p. 247 ff.

[130] 博阿斯关于"波特拉奇"的描述,最精到者,莫过于下列节选:'Twelfth Report on the North Western Tribes of Canada', *Br. Ass.* pp. 54-5 [参见 Boas(1891)'Fifth Report', p. 38]:

英国殖民地印第安人的经济体系,与文明人的经济体系一样,在很大程度上是建立在信用基础上的。在其所开展的一切事业中,印第安人都信赖朋友给予的帮助。他们也承诺在未来的某一天给予朋友以这种援助。如果朋友所提供的援助包括有价值的东西,则这些东西由印第安人用毯子来衡量,就像我们用金钱来衡量一样,那么他们承诺会以利息偿还借款的价值。印度人没有书面制度,因此,为了保证交易,需要公开承诺。订约的一方承担债务,另一方偿还债务,这就构成了"波特拉奇"。这种经济体系已经发展到了下列程度:与部落有关的所有个人所拥有的资本远远超过了现有的贵重物品的数量;换句话说,这些条件完全类似于我们自己社会的普遍情况:如果我们想还清所有债务,我们会发现实际上没有足够的钱来偿还债务。所有债权人试图催还贷款的结果,无疑是一场灾难性的恐慌,社会需要很长时间才能从中恢复过来。我们必须明白,印第安人邀请所有朋友和邻居参加盛大的聚会,将多年积累的所有财富挥霍一空。但我们必须承认,从如下两点来看，这种做法聪明睿智且值得赞扬。他的首要目的是还清债务。这是一个公开的仪式，就像一个公证行为。他的次要目的是将他的劳动成果用于他自己和他的子女，以便从中获得最大的利益。那些在这个节日上收到礼物的人，接受礼物作为贷款，用于正在进行的生产经营活动，但几年后，这些礼物必须连同利息返还给赠予者或其继承人。因此，如果他们在年轻时就成了孤儿，那么印第安人最终会将这种"波特拉奇"视为确保其子女幸福的一种手段。

通过修正"债务""付款""偿还""借贷"等概念，并用"赠送礼物"和"归还礼物"等术语加以替换，博阿斯最终使用了自己的术语，我们对信用概念在"波特拉奇"中的作用有了一个相当准确的概念。

关于名誉的概念，参见 Boas, 'Seventh Report on the North Western Tribes', p. 57.

[131]特林吉特式表述：Swanton, *Tlingit Indians*, p. 421.

[132]我们没有注意到，[债务]的"期限"概念不仅与现金概念一样古老，而且同样简单，或者——如果你愿意换个说法——与现金概念一样复杂。

[133]Cuq (1910) 'Etude sur les contrats de l'époque de la première dynastie babylonienne', *Nouv. Rev. Hist. du Droit*,

p. 477.

[134] Davy,'Foi jurée',p. 207.

[135] 财物分配:克瓦基乌特人,参见 Boas(1895)'Secret Societies and Social Organization of the Kwakiutl Indians',*Rep. Amer. Nat. Mus.*(henceforth,*Sec. Soc.*),p. 469。在新人"成人礼"的情况下,ibid,p. 551,Koskimo,Shushwap:redistribution,Boas(1890)'Seventh Report',p. 91。Swanton,'Tlingit Indians',21*st* Annual Report,*Bur. of Am. Ethn.* (henceforth,*Tlingit*),p. 442(演讲稿):"他花了所有的钱来展示他(他的侄子)。"重新分配通过赌博赢得的一切:参见 Swanton,'Texts and Myths of the Tlingit Indians',*Bulletin no. 39 of Bur. of Am. Ethn.* (henceforth *Tlingit T. M.*) p. 139。

[136] "斗富",参见 the song of Maa,*Sec. Soc.*,pp. 577,602:"我们斗富"。与之相对,所谓"争夺财富之战""血腥之战",可以在 1895 年同一次集会上的演讲中找到。参见 Boas and Hunt,*Kwakiutl Texts*,first series;Jesup Expedition,vol. 3(henceforth,*Kwa.*,vol. 3),pp. 482,485;亦参见 *Sec. Soc*,pp. 668,673。

[137] 尤其是关于海耶斯(Haïyas)的神话,他在赌博游戏中丢了脸,在屈辱中死去。海耶斯的姐妹们和侄子们开始哀悼,

给了他一个"复仇"的机会,使其起死回生。[*Haïda Texts*, Jesup 6(83), Masset.]

[138]在这个问题上,有必要研究赌博,即使在法国社会,赌博也不被视为一种契约,而是一种基于信用或名誉而为之的情况,因此在这种情况下,人们可以拒绝交付赌债。赌博是一种"波特拉奇",也是一种赠予制度。而其甚至延伸到美洲西北部,都是引人注目的。虽然在克瓦基乌特人中对此也略有耳闻[参见 *Ethn. Kwa.*, p.1394, under the heading *ebayu*, dice (?), under the heading *lepa*, p.1435, and compare *lep*, p.1448, 'Second potlatch, dance';参见 p.1423, under the heading *maqwacte*],但在他们中间的作用似乎无法与海达人、特林吉特人和齐姆希安人相比。后者才是冷酷无情的赌徒。参见关于海达人中间类似板球的一种竞技游戏的描述:Swanton, *Haïda* (Jesup Exp., vol.1), pp.58 ff.; 141 ff, 为了脸面和名声;特林吉特人之间也存在同样的游戏;带有棍棒名称的描述:Swanton, *Tlingit*, p.443. 普通的特林吉特人、即"纳奇"(*naq*),作为获胜的棋子,相当于海达人的"迪吉尔"(*djil*)。

故事里充满了关于游戏的传说,关于那些通过赌博失去一切的首领们。一位齐姆希安人派首领甚至失去了他的孩子和父母:Tsim. *Myth.*, pp.101, 207, 参见 Boas, ibid, p.409。一个关于海达人的传说讲述了齐姆希安人对海达人的一场火力全开的比赛。参见 *Haïda T. M.*, p. 322。参见 the same legend: the games against Tlingit, ibid, p. 94。你可以在博阿斯的研究成果中找到这类主题的列表，*Tsim. Myth.*, pp. 843, 847。礼仪和道德规定胜利者应该放失败者、他的妻子和孩子一马。参见 *Tlingit T. M.*, p. 137。没有必要指出这一特征与亚洲传说之间的联系。

此外，这里还有无可争辩的亚洲影响。关于亚洲射幸游戏在美国的传播，深入研究参见 E. R. Tylor (1896), 'On American Lot-Games as Evidence of Asiatic Intercourse' (Bastian, *Festschrift*), in Supplement to *Int. Arch. J. Ethn*, p. 55 ff。

[139] 戴维阐述了挑战和竞争的主题。除此之外，还必须加上赌注。例见 Boas, *Indianische Sagen*, pp. 203-6。传说中有关于食物、摔跤和"攀登"等的赌注。Ibid, p. 363 for a list of themes. 如今，赌博仍然是这些权利和道德的残余。虽只承诺一个人的名誉和信用，却能导致财富流动。

[140] 毁灭形式的"波特拉奇"，参见 Davy, 'Foi jurée', p. 224。在他的叙述中必须加上以下几句话：给予就等于毁灭（参见 *Sec. Soc.*, p. 334）。一定数量的送礼仪式会带来破坏行为，例如，偿还嫁妆的仪式，或者如博阿斯所说的"偿还婚姻债务"，包括一种被称为"破釜沉舟"的仪式（参见 *Sec. Soc.*

pp. 518, 520)。但这个仪式是象征性的。然而,对海达人或齐姆希安人的访问,意味着对到达部落船只的真正破坏。在齐姆希安,人们在小心地帮助卸载上面的一切物品之后,船只在抵达时就将被摧毁,而在到访者离开时,齐姆希安人会为其提供一艘更精致的船只(参见 Boas,*Tsim. Myth.*, p. 318)。

但破坏行为本身似乎构成了一种更高形式的奢侈。在齐姆希安人和特林吉特人中间,这被称为"破财"(参见 Boas,*Tsim. Myth.*, p. 344; Swanton, *Tlingit*, p. 442)。事实上,这一概念甚至适用于席垫的分配:"非常多的席垫就是为了销毁而被毁的"。

在这种毁灭的过程中,其他两种主题会登场:(1)首先是战争的主题:"波特拉奇"是一场战争。在特林吉特人中,它被命名为"战舞"(Swanton, *Tlingit*, pp. 436, 458)。正如在战争中一样,一个人可以拥有被杀害的所有者的面具、姓名和特权,因此在财物之间的战争中,财物被杀害,要么是自己的财物,使其他人无法拥有,要么是其他人的财物,通过给予他们必须回报或无法回报的物品。(2)第二个主题是牺牲(参见 p. 15)。如果一个人杀死了财物,那是因为它有生命(参见 p. 44)。一位先知如是说:"愿我们的财物在首领的努力下保持活力,让我们的铜器不被破坏。"(*Ethn. Kwa.*, p. 1285, line

1.）也许，甚至 *yäq* 这个词的含义，也可以解释为"任其死亡以及'波特拉奇'"（参见 *Kwa.*, vol. 3, p. 59, line 3, and Index, *Ethn. Kwa.*）。

然而，原则上，与正常祭祀一样，这是一个将被破坏的东西传递给神灵的问题，即传递给氏族祖先的问题。这一主题在特林吉特人中自然更为发展（Swanton, *Tlingit*, pp. 443, 462），在那里，祖先不仅出现在"波特拉奇"仪式，并从破坏中受益，甚至还从给予他们活着的同名（homonyms）那里获得赠予。放火焚烧造成的破坏似乎是这一主题的一个特点。在特林吉特人中间，可以看到一个非常有趣的神话（*Tlingit T. M*, p. 82.）；海达人的火牲（Skidegate），Swanton, 'Haïda Texts and Myths', *Bull. Bur. Amer. Ethn.* (29)（henceforth *Haïda T. M.*), pp. 28, 36, 91。这一主题在克瓦基乌特人中不太突出，然而，克瓦基乌特人有一位神，名为"坐火"，例如，为了回报神性，一个生病的孩子的衣服被献祭给了他（参见 *Ethn. Kwa.*, pp. 705, 706）。

[141] Boas, *Sec. Soc.*, p. 353, etc.

[142] 见下文 n. 209, concerning the word *p! Es* (sic)。

[143] 似乎连"交换"和"出售"这两个词对克瓦基乌特人来说都是陌生的。我只能在博阿斯关于出售铜器的各种词汇中找

到"出售"一词。但这次"拍卖"跟出售完全不同。这是一种赌博,一种竞拍。至于"交换"一词,我只能找到以 *L'ay* 形式出现的存在:但在它所指的文本中(*Kwa.*, vol. 3, p. 77, line 41),是用来表示改变姓名。

144 "渴望食物"一词,参见 *Ethn. Kwa.*, p. 1462,"渴望迅速发财";ibid, p. 1394;参见对"小首领"的美好祝愿:"那些深思熟虑的小人物;工作的小人物;……谁被征服了;……谁答应给船;……谁接受给予的财物;……追求财物的人;……只为财物而工作的人"(翻译为财物的词是 *maneq*,"报答恩惠",ibid, p. 1403,'the traitors',ibid, p. 1287, lines 15–18)。再看另一篇演讲,有人说给予"波特拉奇"的首领和那些接受但从不给予回报的人:"他给他们吃的,他让他们来的……他自己把他们带走了",ibid, p. 1293;亦参见 p. 1291,还有另一个对"小人物"的恳求,ibid, p. 1381。

不能认为这种道德与经济制度背道而驰,或与共产导致的懒惰相对应。齐姆希安人指责贪婪,并声称他们的主要英雄"造物主"(Crow)是如何因为吝啬而被他的父亲赶走的:Tsim. *Myth.*, pp. 61, 444。同样的神话也存在于特林吉特人中间。后者还指责客人的懒惰和乞讨本性,并讲述了造物主和那些从一个城镇到另一个城镇乞讨邀请的人是如何受到惩罚的:*Tlingit*

T. M., pp. 260, 217。

[145] 'Injuria: Mélanges Appleton'; 'Magie et droit individuel', *Année Sociologique* 10: 28.

[146] 在特林吉特人中，有人为了跳舞的名誉而支付对价：*Tlingit T. M.*, p. 141. 这是支付给编舞的首领的报酬。在齐姆希安人中："一切都是为了荣誉……最重要的是财富和虚荣"，Boas (1889) 'Fifth Report', p. 19. Duncan, in Mayne, *Four Years*, p. 265, 他已经说过："纯粹是为了虚荣。"此外，大量的仪式，不仅是"登高"等仪式，甚至包括"举铜物"等仪式（克瓦基乌特人，*Kwa.*, vol. 3, p. 409, line 26），"举起长矛"（特林吉特人，*Tlingit T. M.* p. 117），"提升'波特拉奇'的地位"，无论是葬礼还是图腾柱，"提升家的中心柱"，古老的滑杆都将这些原则转化为现实。我们不能忘记，"波特拉奇"的目的是明确哪一个是"地位最高的家庭"。[卡蒂珊酋长对造物主神话的评论，参见 *Tlingit T. M.*, p. 119, note (a)。]

[147] Tregear, *Maori Comparative Dictionary*, under the heading of *Mana*.

这将是一个研究财富概念本身的地方。从我们的观点来看，富人在波利尼西亚拥有的是"面子"，在罗马拥有的是"权威"，在这些北美部落中，拥有的是"慷慨"（*walas*）（*Ethn.*

Kwa., p. 1396)。但严格地说,我们只需要指出财富、权威、控制收受礼物者的权利和"波特拉奇"之间的关系:这种关系非常明确。例如,在克瓦基乌特人当中,最重要的氏族之一是瓦拉萨卡(Walasaka),除此之外这还是一种舞蹈及一个兄弟会的名称。这个名字的意思是"来自上苍的伟大礼物",并在"波特拉奇"上分发。"瓦拉西拉"(*Walasila*)不仅意味着财富,还意味着"拍卖铜器时分发毯子"。另一个比喻是,考虑到个人因被给予的束缚而变得"沉重"。(参见 *Sec. Soc.*, pp. 558, 559。)据说,酋长"吞下了他分配财富的部落";他"吐出财物",等等。

[148] 特林吉特人的一首歌讲述了造物主的说法:"正是这首歌让狼变得'有价值'", *Tlingit T. M.*, p. 398, no. 38。在这两个部落中,支付和接受(包括礼物)的"尊敬"和"荣誉"的原则非常明确——Swanton, *Tlingit*, p. 451。Swanton, *Haïda*, p. 162 则表明某些礼物可以不必归还。

[149] 参见 Conclusion, n. 8, p. 155。

在这些部落中,宴会的礼仪,即有尊严地接受但并非索取的礼物,表现得尤为明显。在此仅指出三个与克瓦基乌特人有关的事实。从我们的观点来看,海达人和克瓦基乌特人的做法很有启发性:酋长和贵族在宴会上吃得很少;吃得多的是附庸和平民；前者简直可以说是捂住嘴巴：Boas, *Kwa. Ind.*, Jesup Expedition, vol. 2, pp. 427, 430；暴饮暴食的危险性, *Tsim. Myth.*, pp. 59, 149, 153, etc. (myths)；在吃饭的时候唱歌；*Kwa Ind.*, Jesup Expedition, vol. 2, pp. 430, 437。海贝的声音响起，"这样就不会有人说我们饿死了", *Kwa.*, vol. 3, p. 486。贵族从不要求任何东西。萨满医生从不要求付费。"神灵"禁止他这样做（*Ethn. Kwa.*, pp. 731, 742; *Haïda T. M.*, pp. 238, 239）。然而，在克瓦基乌特人中存在着"兄弟会"以及"乞讨舞"。

[150] 参见 Introduction, n. 14, p. 87。

[151] 特林吉特人和海达人的"波特拉奇"特别发展了这一原则。参见 *Tlingit Indians*, p. 443, 462；参见 speech in *Tlingit T. M.*, p. 373；客人抽烟时，神灵也在抽烟；参见 p. 385, line 9："我们这些在这里为你跳舞的人，不是真正的自己，而是死去很久的叔伯。"被邀请的是神灵，是带来好运者（gona' gadet）。Ibid, p. 119, note (a). 事实上，这只不过是牺牲与赠予两大原则的混同，也许除对自然的影响之外，可以与我们上面提到的所有情况相比较。事死如事生。一个非凡的特林吉特人故事讲述了一个被救活的人是如何知道怎样为他执行"波特拉奇"的。这些故事的主题基本上都是那些批评活着的人没有给死者举办"波特拉奇"的神灵（*Tlingit T. M.*, p. 227）。克瓦基乌特人当

然也有相同的原则，例如，相关演讲可参见 *Ethn. Kwa.*，p. 227。在齐姆希安人中，活人代表死者。泰特写信给博阿斯说："祭品最重要的是以节日礼物的形式出现"［*Tsim. Myth.* p. 452（Historical legends），p. 287］。围绕海达人、特林吉特人、齐姆希安人相关主题的比较，参见 Boas, ibid, p. 846。

[152] 有关铜器价值的更多示例见下文，n. 243。

[153] Krause，*Tlinkit Indianer*，p. 240，此处很好地描述了特林吉特部落彼此接触的方式。

[154] Davy,'Foi jurée', pp. 171 ff., 251 ff. 齐姆希安人的形态尽管可能更为突出，但与海达人的形态没有明显区别。

[155] 重读戴维关于"波特拉奇"与政治地位之间关系的论述，尤其是女婿与儿子之间的关系，并无必要。同样，也没有必要评论宴会和交流的礼仪价值。例如，两个神灵之间的船只交换，使得岳父和女婿从此只剩下"一颗心"（*Sec. Soc.*，p. 387）。The text in *Kwa.*, vol. 3, p. 274 补充道："就好像他们交换了名字。"亦参见 ibid, vol. 3, p. 23：在一个当地神话中，尼姆基什人（克瓦基乌特部落之一）婚礼宴会的目的是让女孩在"她第一次去吃东西的村落"正式就位。

[156] 海达人和特林吉特人对葬礼"波特拉奇"进行了记录和充分研究。在齐姆希安人中，它似乎更特别地与哀悼期的结束、

图腾柱的竖立和火葬有关：*Tsim. Myth.*, p. 534 ff。博阿斯并没有表示在这些克瓦基乌特人中存在任何葬礼的"波特拉奇"。但在一个神话中可以找到对这种"波特拉奇"的描述：*Kwa.*, vol. 3, p. 407。

[157] 克瓦基乌特人首领说："这是我的虚荣；我的名字，我家族的根，我所有的祖先都是……伟大的'波特拉奇'——max-wa——的赠予者"（在这里，他给出了自己的名字，同时也是一个头衔和一个共同的名字）：*Ethn. Kwa.*, p. 887, line 54。参见 p. 843, line 70。

[158] 见下文 n. 209（演讲稿）："我身上有财物，我有丰厚的财物。我是'财物'计数者"：*Ethn. Kwa.*, p. 1280, line 18。

[159] 保护某人获得纹章权利的"波特拉奇"（Swanton, Haïda, p. 107）。"莱吉克"（Legick）的故事参见 *Tsim. Myth.*, p. 386。莱吉克是齐姆希安部落最高首领的头衔。亦参见 ibid, p. 364, 齐姆希安首领的另一个伟大头衔"内斯巴拉斯"（Nesbalas）的故事，以及他嘲笑"哈伊马斯"（Haïmas）首领的方式。克瓦基乌特人中最重要的首领头衔之一是"达本特"（Dabend, *Kwa.*, vol. 3, p. 19, line 22, 参见 *dabendgal'ala*, *Ethn. Kwa.*, p. 1406, col. 1）。此头衔在"波特拉奇"之前的意思是"无法坚持到底"，而在"波特拉奇"之后的意思则是"能够坚持到

底"。

[160]购买铜器就是将其置于买家"名下":Boas, *Sec. Soc.*, p. 345。一个比喻是,通过提供的"波特拉奇",赠予者的名号"增加了分量"(*Sec. Soc.*, p. 349),而接受"波特拉奇"捐助一方的名声会"减轻分量"(*Sec. Soc.*, p. 345)。对于赠予者优于接受者还有其他表达相同观点的方式,即:即接受者在某种程度上是奴隶,只要他没有被"买回"。"波特拉奇"的主办方通过举办活动"分担重量"。另一个比喻是,数据的名称还有其他相同观点的表达,即赠予者优于接受者:只要没有被"买回",接受者在某种程度上就变成了"奴隶"("此乃恶名",海达人如此认为:Swanton, *Haïda*, p. 70. 参见 below, n. 203)。特林吉特人说"一个人把礼物放在接受礼物的人的背上"(Swanton, *Tlingit*, p. 428)。海达人有两种非常典型的表达方式:"使(他的针)移动""快速跑动"(参见 the New Caledonian expression p. 21),这显然意味着"与劣势作战":Swanton, *Haïda*, p. 162。

[161]看看"哈伊马斯"的故事,看看他是如何失去自由、特权、面具和其他物品、随从的神灵、家庭和财产的:*Tsim. Myth.*, pp. 361, 362。

[162]*Eth. Kwa.*, p. 805. 博阿斯的克瓦基乌特部落线人亨特写

信给他称：我不知道为什么首领"马修雅丽德泽"（Maxuy-alidze，实际上的意思是"波特拉奇的给予者"）从未真正举办过节庆。仅此而已。因此，他被称为"奎尔瑟姆"（Qelsem），即"颜面扫地"，ibid, lines 13-15。

[163]事实上，无论是因为没有举办，或者因为参与，"波特拉奇"都是十分危险之事，去参加神话"波特拉奇"的人就都死掉了（*Haïda T. M.*, Jesup Expedition, vol. 6, p. 626，参见 p. 667，那里也有同样的齐姆希安人神话）。相关对比，参见 Boas, *Indianische Sagen*, p. 356, no. 58。在这个世界，分享"波特拉奇"涉及的本质之物是很危险的，比如，在神灵"波特拉奇"中吃喝。这是一个克瓦基乌特人的传说（Awikenoq, 参见 *Ind. Sagen*, p. 239）——关于创世主的美丽神话也是如此——它用自己的血肉生产各种各样的食物：Çtatloq, *Ind. Sagen*, p. 76; Nootka, ibid, p. 106。相关对比参见 Boas, *Tsim. Myth.*, pp. 694, 695。

[164]"波特拉奇"实际上是一个游戏，也是一个测试。例如，测试包括在宴会期间不打嗝。宁死也不打嗝，Boas, *Kwakiutl Indians*, Jesup Expedition, vol. 5, part 2, p. 428。有一个挑战的公式："让我们试着让客人把它们（他们的盘中餐）吃干净。" *Ethn. Kwa.*, p. 991, line 43. 参见 p. 992。关于表示给予食物、归还食物和复仇的词语之间含义的不确定性，参见 Glossary

(*Ethn. Kwa.*) under the heading *yenesa*, *yenka*：给予食物，回报，报仇。

¹⁶⁵见上文，n. 141，因为"波特拉奇"和战争之间的等价性。棍子末端的刀子是一种"和平"的象征。克瓦基乌特人的"波特拉奇"：*Kwa.*, vol. 3, p. 483. 在特林吉特人中，这是一支举起的长矛（*Tlingit T. M.*, p. 117）。参见特林吉特人之间的补偿仪式。克鲁人对齐姆希安人的战争：参见 *Tlingit T. M.*, pp. 432, 433, n. 34；使某人成为奴隶后跳舞；在杀了人之后没有跳舞的"波特拉奇"。赠送铜的仪式在别处也有涉及。

¹⁶⁶克瓦基乌特人的仪式错误，参见 Boas, *Sec. Soc.*, pp. 433, 507, etc。事实上，赎罪包括送一次"波特拉奇"或至少一份礼物。

在所有社会中，这是一项极其重要的法律和仪式原则。财富的分配起着罚款的作用，是精神的慰藉，是与人重新建立群体感情的方式。Fr Lambert, *Moeurs des sauvages néocalédoniens*, p. 66, 作者已经注意到，在加努克人中，一旦母方族人在父方家族发生流血事件，母方的亲属有权要求赔偿。齐姆希安人中也有同样的机制：Duncan, in Mayne, *Four Years*, p. 265。参见 p. 296（在儿子失血的情况下）。毛利人中也可能存在与此类似的机制。

让他成为奴隶的家庭，不仅为了找回囚犯，而且为了重新确立"名誉"，必须给他举办一次"波特拉奇"。参见 the Story of Dzebasa, *Tsim. Myth.*, p. 388。特林吉特人之间存在相同的规则：Krause, *Tlinkit Indianer*, p. 245; Porter, *Eleventh Census*, p. 54; Swanton, *Tlingit*, p. 449。

为弥补宗教仪式中的错误而举行的"波特拉奇"在克瓦基乌特人中数量众多。但是，我们应该特别注意到，对于双胞胎准备去其他地方工作的父母来说，通过"波特拉奇"补偿的可能性很大，*Ethn. Kwa.*, p. 691。因为丈夫的过错，导致妻子离家出走的，需要给岳父提供一次"波特拉奇"，以赢回离开你的妻子。参见 Vocabulary, ibid, p. 1423, col. 1, bottom。这一原则可以被人为地运用：当一个首领寻找一个吃便饭的机会时，他会把他的妻子送回他的岳父那里，以便为新的财富分配寻找借口：Boas, 'Fifth Report', p. 42。

[167] 在捕鱼探险、采集食物、狩猎、打开存储食物的盒子之后，一长串举行节日的义务。参见 *Ethn. Kwa.*, p. 757 ff。参见 p. 607 ff. for etiquette, etc。

[168] 见上文，n. 136。

[169] 参见 *Tsim. Myth.*, pp. 439, 512; 参见 p. 534 对于劳务的报酬。例如克瓦基乌特人就会为数毯子的人支付报酬，*Sec.*

Soc., pp. 614, 629（尼姆基什人的夏日节庆）。

[170] 齐姆希安人设置了一个了不起的机构，规定了部落首领和下级在"波特拉奇"中所占份额的大小，并将它们彼此分开。虽然在部落中，分属于不同封建阶层的竞争对手相互对抗，被垂直地划分为氏族和胞族，但是，仍然存在由一个阶层针对另一个阶层行使的权利（Boas，*Tsim. Myth.*，p. 539）。

[171] 给父母的报酬。*Tsim. Myth.*，p. 534. 参见 Davy，"Foi jurée"，p. 196，指的是特林吉特人和海达人之间的对立制度，以及家庭轮流举办"波特拉奇"的制度。

[172] 一个"海达人神话"，参见 Masset，*Haïda Texts*，Jesup，vol. 6，no. 43，讲述了一位年迈的部落首领，因为没钱，导致无人邀请，郁郁而终。首领的侄子继承了他的头衔，为他制作了一尊雕像，以他的名义举行了一个节日，后来又举行了十次"波特拉奇"；然后他重生了。在另一个神话中，Masset, ibid, p. 727，一个神灵对一个首领说，"你的财产太多了，你必须用其来举办'波特拉奇'（*wal* = distribution；参见 *wulgal* – potlatch）。"他建造了一所房子，并付给建筑工人工资。在另一个神话中（ibid, p. 723, line 34），一位首领说，"我不会为自己保留任何东西"。参见后文，"我将做十次'波特拉奇'"。

[173] 在家族之间经常发生冲突的过程中（克瓦基乌特人），参

见 Boas, *Sec. Soc.*, p. 343;（齐姆希安人），Boas, *Tsim. Myth.*, p. 497。在存在胞族的地区，这是理所当然的。参见 Swanton, *Haïda*, p. 162; *Tlingit*, p. 424。这一原则在创世主神话中得到了很好的阐述（参见 *Tlingit T. M.*, p. 115 ff）。

[174] 自然，我们不邀请那些不值得邀请的人，那些没有举办节日的人，那些没有节日"名称"的人。对于那些没有返回头来举办"波特拉奇"的人，参见 Hunt in *Ethn. Kwa.*; p. 707。参见 ibid, Index, under the headings *Waya* and *Wayapo Lela*, p. 1395; 参见 p. 358, line 25。

[175] 因此，欧洲和亚洲的民间传说都有这样一个不断重复的故事，即不邀请孤儿、被所有人抛弃的人和意外出现的穷人存在着危险。对于一个乞丐来说，他是图腾，图腾之神。例见 *Indianische Sagen*, pp. 301, 303; 参见 *Tsim. Myth.*, pp. 292, 295。相关主体的类型，参见 Boas, *Tsim. Myth.*, p. 784 ff。

[176] 特林吉特人有一个非凡的表达：客人被称为"漂浮"，他们的船"在海上漂泊"，他们带来的图腾柱正被携带着——是"波特拉奇"，是邀请，阻止了他们 [*Tlingit Myth.*, p. 394, no. 22, p. 395, no. 24 (in speeches)]。一个相当常见的标题是克瓦基乌特人的首领是"向他划桨的人"，他是"大家要去的地方"。例见 *Ethn. Kwa.*, p. 187 lines 10, 15。

[177] 忽视某人而构成的冒犯,意味着他的父母出于团结也不去参加"波特拉奇"。在齐姆希安人的神话中,只要没有被邀请,伟大的神灵就不会来,他们只会在被邀请的时候前来,*Tsim. Myth.*, p. 277。一个故事讲述了伟大的部落首领内斯巴拉斯(Nesbalas)没有被邀请,因此其他齐姆希安人首领也没有来;他们说:"他是头儿,我们不能跟他不和。"(ibid, p. 357)

[178] 这样的冒犯会产生政治后果。例如,特林吉特人与东阿萨巴斯加人之间的"波特拉奇"活动。Swanton, *Tlingit*, p. 435. 参见 *Tlingit T. M.*, p. 117。

[179] *Tsim. Myth.*, pp. 170, 171.

[180] 博阿斯把他的土著线民泰特的这段文字作为注释(ibid, p. 171, note [a])。相反,神话的道德性必须与神话本身相结合。

[181] 参见齐姆希安人关于内古纳克斯(Negunaks)神话的细节,ibid, p. 287 ff., 类似主题参见 p. 846 相关注释。

[182] 例如,黑醋栗宴会的邀请,当传令官说:"我们邀请你,那些还没有来的人",*Ethn. Kwa.*, p. 752。

[183] Boas, *Sec. Soc.*, p. 543.

[184] 在特林吉特人中,被邀请去参加"波特拉奇"但耽搁了两年才前来的客人被称为"娘们",*Tlingit T. M.*, p. 119,

n. [a]。

[185] Boas, *Sec. Soc.*, p. 345.

[186] 克瓦基乌特人必须参加海豹节，尽管脂肪多到使人呕吐：*Ethn. Kwa.*, p. 1046。参见 p. 1048："尝试吃任何东西"。

[187] 就是为什么有时一个人在恐惧中向客人致意，如果他们拒绝了邀请，那是因为他们会表现出优越感。克瓦基乌特人的首领对一位科斯基摩部落首领（同一族群的其他部落）说："不要拒绝我的好意，否则我会感到羞耻，不要拒绝我的心……我不是那些提出要求的人，也不是那些只给愿意从他们那里买东西者示好的人。情况就是这样，我的朋友。"（Boas, *Sec. Soc.*, p. 546）

[188] Boas, *Sec. Soc.*, p. 355.

[189] 关于油脂和浆果节的其他描述，参见 *Ethn. Kwa.*, p. 774 ff.。这是亨特做的，似乎更好。似乎这种仪式也适用于不邀请也不赠予的情况。在爱斯基摩人中，为使对手受到蔑视而举行的一种类似的节日仪式，包括在鼓的伴奏下唱歌（ibid, p. 770；参见 p. 764）。

[190] 海达人的歌诀有云："再给我点，给我好吃的东西"（在一个神话中），*Haïda Texts*, Jesup vol. 6., pp. 685, 686。（克瓦基乌特人），*Ethn. Kwa.*, p. 767, line 32, p. 738, line 32, p. 770,

the Story of PoLelasa（sic）。

[191] 非常精确表示不满意的歌曲。Tlingit，*Tlingit T. M.*，p.396，nos 26，29。

[192] 在齐姆希安人中，部落首领们有一条规则，即派一名信使检查被邀请参加聚会的人随身携带的礼物（*Tsim. Myth.*，p.184；参见 pp.430，434）。根据公元 803 年查理曼大帝的一项法令，专门委派了一名官员进行这类检查。曼纽尔（Maunier）提请我注意这个事实。

[193] 见上文，n.161。参见拉丁文中的"承担义务"（aere obaeratus）。

[194] 特林吉特人中的创世神话告诉我们，后者是如何不参加节日的，因为其他人（其他胞族部落）表现得很吵闹，并且已经越过了舞场中分隔两个部落的分界线。创世主害怕他们是不可战胜的（*Tlingit T. M.*，p.118）。

[195] 作为接受事实的结果的不平等性，在克瓦基乌特人的传说中得到了很好的体现。*Scc. Soc.*，pp.355，667，line 17. 参见 p.669，line 9。

[196] 例见特林吉特人。Swanton，*Tlingit*，pp.440，441。

[197] 在特林吉特人中的一种仪式，允许一个人设法获得更多的报酬，同时允许主人强迫客人接受礼物。不满意的客人决定离开。赠

予者向他提供双倍的金额,并提及一位已故亲属的姓名(Swanton,*Tlingit Indians*, p.442)。这一仪式很可能与缔约双方代表其祖先神灵的权利相一致。

¹⁹⁸参见 speech, *Ethn. Kwa.*, p.1281:"部落的首领们从不回报……他们使自己蒙羞,而你在那些使自己蒙羞的人中间,把自己提升为一个伟大的首领。"

¹⁹⁹参见伟大部落首领莱格(齐姆希安族显贵的头衔)在"波特拉奇"上的演讲(一个历史故事),*Tsim. Myth.*, p.386。他们对海达人说:"你将排在所有部落首领的最后一位,因为你不能像伟大的酋长那样将铜制物品扔进海里。"

²⁰⁰理想的做法是提供一个不必回赠的"波特拉奇"。有言道:"你希望做出的是那些不会得到回报的赠予"(*Ethn. Kwa.*, p.1282, line 63)。举办"波特拉奇"的人被比作一棵树或一座山:"我是这棵大树的伟大首领,你在我下面……我的篱笆……我给你财产"(ibid, p.1290, verse 1)。"竖起象征波特拉奇的柱子吧,唯一的繁茂大树,唯一的粗壮之根"(ibid, verse 2)。海达人用长矛的比喻来表达这一点。接受"以他的(部落首领)竖起长矛为生"的人[*Haïda Texts* (Masset) p.486]。这同时也是一个神话。

²⁰¹请看一个因为"波特拉奇"没有提供合理回报而被冒犯

的故事（*Tsim. Myth.*, p. 314）。齐姆希安人总是记得这两件来自"乌特南罗克"（Wutsenaluk）的铜制物品（ibid, p. 364）。

²⁰²"名称"仍然是"破碎的"，只要一个人没有破碎一个价值与挑战相等的铜器（Boas, *Sec. Soc.*, p. 543）。

²⁰³当一个以这种方式被抹黑的个人为了"进行分配"或"进行强制性再分配"而借用某物时，他"提交他的名字"，同义词是"他卖身为奴"（Boas, *Sec. Soc.*, p. 341）。参见 *Ethn. Kwa.*, pp. 1424, 1451 under the heading *kelgelgend*。参见 p. 1420。

²⁰⁴他的未婚妻可能还没有出生，但婚约已经对于这个年轻人产生了约束力（Swanton, *Haïda*, p. 50）。

²⁰⁵见上文，n. 132。特别是，海达人、齐姆希安人和特林吉特人之间的媾和仪式包括即时"全体提供"和全部"反赠"：事实上，交换誓言（刻有图案的铜制品）和人质，包括奴隶和妇女。例如，在齐姆希安人与海达人的战争中（参见 *Haïda T. M.*, p. 395）："由于双方通婚，而且害怕再次激起愤怒，所以媾和。"为了一大笔赔偿，在海达人与特林吉特人之间爆发了争斗。参见 ibid, p. 396。

²⁰⁶见上文，n. 170，尤见 Boas, *Tsim. Myth.*, pp. 511, 512。

²⁰⁷（克瓦基乌特人）：财产分配，从双方一块接一块地分配（Boas, *Sec. Soc.*, p. 418）；第二年偿还因仪式错误而支付的罚

金:ibid, p. 596;彩礼还本付息,ibid, pp. 365, 366, 423, line 1, 518-50, 563。

[208] "波特拉奇"的概念本身,见上文,Intro., n. 13, p. 86。此外,似乎在西北部的语言中,这一术语背后的概念和命名法都没有以支奴干语为基础的盎格鲁-印第安"杂式语言"所提供的那种严谨。

无论如何,齐姆希安人一般会区分大型部族间聚餐[即"邀客"(*yaok*)](Boas,[Tate],*Tsim. Myth.*, p. 537;参见 p. 511,参见 p. 968,此处被错误地翻译为"波特拉奇")跟其他类型的宴庆。海达人则区分因为葬礼举办的"波特拉奇"(*walgat*)和为了其他原因实施的"波特拉奇"(*sika*)[Swanton, *Haïda*, pp. 35, 178, 179; p. 68 (Masset's text)]。

在克瓦基乌特人和支奴干人中,都存在"吃饱"(*poLa*)(*Kwa.*, vol. 3, p. 211, line 13, *PoL*, 'sated', ibid, vol. 3, p. 25, line 7)这个似乎并不指代"波特拉奇",而是指代吃饭之效果的概念。"波拉斯"(*poLas*)指代"飨宴的提供者"(*Kwa. T.*, 2nd Series, Jesup, vol. 10, p. 79, line 14; p. 43, line 2)以及宴会的举办地(一位部族首领的名号)。参见 *Ethn. Kwa.*, p. 770, line 30。克瓦基乌特人中最为常见的概念是"压扁"(*p! Es*)(对手的名字)(Index, *Ethn. Kwa.*, under this heading),或其意

为"篮子空了"（*Kwa.*, vol. 3, p 93, line 1; p. 451, line 4）。较大的部落和部落间的"波特拉奇"似乎有自己的专有名称"马克斯瓦"（maxwa）（*Kwa.*, vol. 3, p. 451, line 15）。从词根 ma 中，博阿斯推导出两个看似根本不可能的衍生词：举行成年礼的房间（mawil），另一个与虎鲸有关（*Ethn. Kwa.*, Index）。事实上，克瓦基乌特人中，我们可以找到大量的技术术语来表示各种各样的"波特拉奇"，以及各种各样的付款和偿还，或者更确切地说，赠予与回赠：婚礼、向萨满付款、预付款、利息累积，简言之，各种分配和再分配行为。例如："拾起"［men（a）］（*Ethn. Kwa.*, p. 218）："在小型'波特拉奇'中，年轻女孩的衣服被扔给人们，并由他们捡起来"；"赠送铜器"（payol），其另外的含义为"船舶赠送"（*Ethn. Kwa.*, p. 1448）。就像在各种古代术语中一样，这些术语数量众多，千变万化，相当具体，相互重叠。

[209]对于此含义和所示参考，参见 Barbeau（1911）'Le potlatch', *Bull. Soc. Géog. Québec*, vol. 3, p. 278, n. 3。

[210]或许也可以销售。

[211]在齐姆希安人看来，财物和给养之间的区别非常明显。在 *Tsim. Myth.*, p. 435，博阿斯认为——毫无疑问，他沿用了原住民线人泰特（Tate）的说辞："拥有所谓的丰饶食物（参见

ibid, p. 406),对于维持家族的贵族地位至关重要。但食物并不被视为财富。财富是通过出售(我们是说真的交换礼物)食品或其他种类的商品获得的,而这些食品或商品在积累之后,会在"波特拉奇"分发(见上文,n. 111)。

克瓦基乌特人还区分了单纯的粮食和财物。最后两个词是等价的。后者似乎有两个名字(参见 *Ethn. Kwa.*, p. 1454)。第一种是"雅阁"(*yag*),博阿斯的文字表达各不相同(参见 index, p. 393 under this entry)。这个词有两个派生词:"财物"(*yeqala*)和"护身符物品"(*yaxulu*)。参见源于 *yä* 的派生词,ibid, p. 1406。其他的一个概念是所谓"德达卡斯"(*dadekas*),参见 Index to *Kwa. T.*, vol. 3, p. 519。参见 ibid, p. 473, line 31; in Newettee dialect, *daoma*, *dedemala*(请参阅 Index to Ethn. Kwa., under this heading)。这个词的词根是 dâ。后者的含义奇怪地类似于印欧语系中相同的词根 *dâ* 的含义:接受、携带、操纵,等等。甚至衍生词也很重要。一个意思是"拿走敌人的一件衣服,以便对他施咒",另一个意思是"放在手上","放在家里"。有关 *manus* 和 *familia* 含义的比较散见各处(关于购买铜制品之前提供的毯子,请连本带息归还)。另一个词的意思是"在对手的毛毯堆上放上一堆毛毯,然后接受它们"(通过做这个手势)。来自同一词根的概念更奇怪:*dadeka*,"彼此嫉恨"

(参见 *Kwa. T.*, p. 133, line 22)。显然，原意必须是：一个人拿走并引起嫉妒的东西；参见 *dadego*，无疑是通过斗富来实现的。

其他单词的意思仍然相同，但更精确。例如，"家产"（*mamekas*）（*Kwa. T.*, vol. 3, p. 169, line 20）。

[212] 看各种各样的财物交换时所发表的言论（Boas and Hunt, *Ethn. Kwa.*, p. 707 ff.）。

几乎没有任何在道德和物质上有价值的东西（我们故意不使用"有用"一词）不是这类信仰的对象。首先，事实上，道德的东西是商品、财产、馈赠和交换的对象。例如，在更原始的澳大利亚土著文明中，人们也要在部落中把道德事物传给代表部落的人，使之地位巩固，就像在"波特拉奇"之后的特林吉特人一样，参与者会"留下"舞蹈给举办者一样（Swanton, *Tlingit Indians*, p. 442）。在特林吉特人中，最不可侵犯、最令人嫉妒的财产是名字和图腾标志，ibid, p. 416. 此外，正是这一点使人幸福和富有。

图腾徽章、节庆和"波特拉奇"。在这些"波特拉奇"中赢得的声望，其他人将不得不回报的礼物，以及与这些"波特拉奇"相关联的礼物。克瓦基乌特人的话语给出了一个例子："现在，我的节日属于他"［指代女婿（*Sec. Soc.*, p. 356）］。

以这种方式给予和回报的是秘密社团的"席位"和"神灵"（见一篇关于财物等级和等级财物的演讲），*Ethn. Kwa.*, p. 472。参见 ibid, p. 708，另一句话："这是你的冬季歌曲，你的冬季舞蹈，每个人都会把财物放在它上面，放在冬天的毯子上；这是你的歌，这是你的舞。"克瓦基乌特人的一个单词"*k! eso*"指代的是贵族家庭及其特权的护身符。例见 *Kwa. T.*, vol. 3, p. 122, line 32。

在齐姆希安人中，用于跳舞和游行的面具和饰有图案的帽子被称为"一定数量的财物"（根据在"波特拉奇"中酋长的姨妈给"部落妇女"分配的礼物的数量），Tate in Boas, *Tsim. Myth.*, p. 541。

相反，例如，在克瓦基乌特人正是从道德的角度看待事物，特别是我们已经提到的两件珍贵的东西，重要的护身符、"死亡赐予者"（*halaya*）、"生命之水"（显然是一块石英晶体）以及毯子，等等。以克瓦基乌特人的一种奇怪的方式表述，所有这些用具都与祖父有着相同的身份，这是很自然的，因为它们只是借给女婿，以便归还给孙子（Boas, *Sec. Soc.*, p. 507）。

[213]"财富女神"的神话，亦参见 Swanton, *Haïda*, pp. 92, 95, 171。Masson's version is found in *Haïda T.*, Jesup, vol. 6, pp. 94, 98; that of Skidegate in *Haïda T. M.*, p. 458。这个名字出

现在属于鹰族的一定数量的海达人名字中（参见 Swanton, *Haïda*, pp. 282, 283, 292, 293）。在马萨特族中, 财富女神被称为"斯基尔"（*Skîl*）：*Haïda T.*, Jesup, vol. 6, p. 665, line 28; p. 306. 参见 Index, p. 805; 参见 the bird Skîl, Skirl（Swanton, *Haïda*, p. 120）。而"斯基尔塔格斯"（*Skîltagos*）的意思则是"铜器", 关于"铜器"如何被发现的神话故事与这个名字有关（参见 p. 146, Fig. 4）。一根雕刻的杆子代表着"迪尔骐达"（Djîlqada）, 以及它的铜器、杆子和它的标志（Swanton, *Haïda*, p. 125; 参见 Plate 3, Fig. 3）。相关描述参见 Newcombe, ibid, p. 46。参见图像, ibid, Fig. 4。这种恋物癖里肯定充斥了偷来的东西, 甚至连它自己也被偷了。

它的确切名称是"制造噪音的财产"（ibid, p. 92）。其还存在另外的四个名字（ibid, p. 95）。它有一个儿子, 名字叫"石头肋骨"[应该是铜制肋骨（ibid, pp. 110, 112）]。遇到它的人, 或它的儿子或女儿, 在赌博中是幸运的。它有一种神奇的植物。一个人吃了它就会变得富有。如果有人摸了一块毯子, 发现了排列整齐的贻贝壳, 他也会变得富有（ibid, pp. 29, 109）。

它的名字之一是"房子里的财产保管"。很多人都拥有由"斯基尔"组成的头衔："等待'斯基尔'的人""通往'斯基尔'之路"。海达人的人类学列表，参见 E. 13，14；"造物主"的胞族，R. 12，R. 15，R. 16。

这似乎与"瘟疫女人"相反（参见 *Haïda T. M.*，p. 299）。

[214] 海达人的"第吉尔"（*djîl*）与特林吉特人的"纳奇"（*näq*），见上文，n. 138。

[215] 在特林吉特人中可以找到完整形式的神话（*Tlingit T. M.*，pp. 173，292，368）。参见 Swanton，*Tlingit*，p. 460。在锡特卡，"财富女神"（Skîl）的名字无疑是"有孩子的女人"（Lennaxxidek）。人们听到这个孩子吮奶的声音。如果一个追着孩子跑的人被他抓伤，身上留下了伤疤，那么这些伤疤会让其他人高兴。

[216] 齐姆希安人的这个神话是个完整的，参见 *Tsim. Myth.*，P. 154，197。可以比较博阿斯在此书第 746 页和第 760 页的脚注。虽然博阿斯没有提出二者的相同之处，但这是很明显的。齐姆希安人的女神穿着一件"财富外衣"。

[217] "富婆"（Qominoqa）的神话，与此如出一辙。而其也成为一部分克瓦基乌特人所崇拜的对象，例见 *Ethn. Kwa.*，p. 862。坤锡特诺克部族（Qoexsotenoq）中一位英雄拥有"石头之躯"的头衔，并成为"身上的财物"（*Kwa. T.*，vol. 3，p. 187）。参见 p. 247。

218 例如,参见捕鲸氏族的神话(Boas, *Handbook of American Languages*, vol. 1, pp. 554-9)。该氏族的创始英雄本身也是该氏族的一员:"我正在寻找你的'洛加瓦'(*logwa*,一种护身符,参见 p. 554, line 49)",他对他遇到的一位神灵说,该神灵具有人形, p. 557, line 122。后者承认他是捕鲸氏族成员;还给了首领一个捕杀鲸鱼用的带钩子的铜制鱼叉(forgotten in the text, p. 557):这个氏族被称为捕鲸族。神灵还给该族的"波特拉奇"赋予名称。他将被称为"吃饱的地方""感觉自己饱了"。他的房子将是"虎鲸屋",正面画着一头虎鲸。虎鲸将是你家里的一道菜(将以虎鲸的形式出现),"哈拉育"(*halayu*,死亡的象征),还有"生命之水"和一把齿状的石英刀将是你切(鲸)肉的刀(p. 559)。

219 一个神奇的盒子里装着一头鲸,一头给英雄命名的鲸,上面写着"财富来到岸边"(Boas, *Sec. Soc.*, p. 374)。参见"财产正在向我漂移",ibid, pp. 247, 414. 财物"不停聒噪"(见上文, n. 214)。一位主要首领的头衔是"其财产制造噪音的人"(*Haïda Texts*, Jesup, vol. 6, p. 684)。财物有生命(克瓦基乌特人):"愿我们的财物在它的努力下继续存在,愿我们的铜器完好无损", sing the Maamtagila, *Ethn. Kwa.*, p. 1285, line 1。

220 家庭的用具,即在男人、他们的女儿和女婿之间流通的,以及在他们刚入会或结婚时回到儿子身边的用具，通常装在盒子或箱子里，并加以点缀和装饰。箱子的组装、制作以及使用，完全是北美西北部文明（从加利福尼亚州的尤洛克到白令海峡）的特征。这个盒子通常装饰着图腾或神灵的脸和眼睛，它们的属性是：装饰的毯子、"生"和"死"的护身符、面具、面具帽、帽子和王冠以及弓。神话经常把神灵与这个盒子和里面的东西混在一起，例见 *Tlingit T. M.*, p.173："戈纳卡代特"（*gonaqadet*），与盒子、铜制物品、帽子和带铃铛的拨浪鼓相同。

[221]正是这种转移给他的礼物的行为，最初，就像在成人或婚姻仪式中一样，将接受者转变成一个"超自然"的人，转变成一个成人、萨满、巫师、贵族、拥有舞蹈和盟会身份的人（参见克瓦基乌特人家族史中的传说，*Ethn. Kwa.*, pp.965, 966；参见 p.1012）。

[222]这个神奇的盒子仍然很神秘，保存在房子的某个秘密所在。盒子里可以有很多盒子，层层嵌套（海达人），Masset, *Haïda Texts*, Jesup, vol.6, p.395。它包含神灵，例如"老鼠女人"（海达人）（*Haïda T. M.*, p.340）。另一个例子是：乌鸦啄瞎了拥有缺乏诚信的主人的眼睛。请参阅此主题的示例目录，Boas, *Tsim. Myth.*, pp.854, 851。太阳被关在漂浮的盒子里的神话，流传最广（Boas, *Tsim. Myth.*, pp.549, 641）。这些神话

在古代世界的散布传播众所周知。

在主人公的故事中,最常见的情节之一是一个非常小的盒子,对他来说相当重,对任何人来说都太重了,因为里面有一条鲸(Boas, *Sec. Soc.*, p. 374; *Kwa. T.*, 2nd series, Jesup, vol. 10, p. 171),而其拥有享用不尽的食物(ibid, p. 223)。这个盒子是活的,自动漂浮(*Sec. Soc.*, p. 374)。凯蒂安人(Katlian)的盒子能带来财富(Swanton, *Tlingit Indians*, p. 448; 参见 p. 446)。花,太阳的粪便,点燃木头的蛋,使人富有的人,换句话说,它们所包含的护身符,财富本身,必须被喂养。

一个盒子里装着"太强大而无法控制"的神灵,而其面具会杀死佩戴者(*Tlingit T. M.*, p. 341)。

这些盒子的名字通常是它们在"波特拉奇"中使用的征兆。一个装油脂的大盒子,被海达人称为母亲,*Haïda Texts*, Jesup, vol. 6, p. 758。"红底盒子"(太阳)将水"洒"到"部落之海"(水由酋长分发的毯子代表)(Boas, *Sec. Soc.*, p. 551 and n. 1; p. 564)。

神奇盒子的神话也是北太平洋社会的共同特征。一个类似神话的较好事例,参见 Pilsudski (1913) *Material for the Study of the Atnu Languages*, Cracow, p. 124 and p. 125。盒子是熊给的,英雄必须遵守禁忌。里面装满了金银制品,还有能带来财富的护身符。此外，在整个北太平洋地区，盒子的制作技术大同小异。

[223] "家产皆有其名"（海达人），Swanton, *Haïda*, p. 117. 以下物品皆有其名：房子、门、盘子、雕刻的勺子、船、鲑鱼陷阱。参见"财物链"的表达方式（Swanton, *Haïda*, p. 15）。

我们提供了一个列表，上面列出了由克瓦基乌特人根据氏族以及贵族的头衔（各不相同），包括男性和女性，还有他们的特权，如舞蹈和杂耍，这些同样是财物。我们称之为家具的东西，在同样条件下被命名和拟人化的东西是：盘子、房子、狗和船（参见 *Ethn. Kwa.*, p. 793 ff.）。在这份清单中，亨特没有提到铜器、大鲍鱼壳和门的名称。汤匙被拴在绳子上，绳子则拴在一种有雕刻图案的船上，被称为"汤匙锚线"（参见 Boas, *Sec. Soc.*, p. 442，在偿还彩礼的仪式中）。在齐姆希安人中，以下物品都会被赋予名字：船只、铜器、勺子、石壶、石刀、女性首领的盘子（Boas, *Tsim. Myth.*, p. 506）。奴隶和狗总是有价值的东西，是被家庭收养的动物。

[224] 这些部落唯一的家畜是狗。根据氏族的不同，它有一个不同的名字（可能在酋长的家族中）。它不能卖。他们是人，和我们一样，克瓦基乌特人如是说（*Ethn. Kwa.*, p. 1260）。他们保护家庭免受巫术和敌人的攻击。有一个神话讲述了一个科

斯基摩酋长和他的狗"汪德"（Waned）是如何相互转变并拥有相同的名字的。［ibid., p. 835，参见 Ch. 4, n. 4, p. 154 and (Celebes)；参见"路威基拉库"（Lowikilaku）四条狗的神奇传说，*Kwa.*, vol. 3, pp. 18, 20)。］

[225]"鲍鱼"是支奴干语中的一个词，用来指作为鼻环装饰物的大鲍壳（Boas, *Kwa. Indians*, Jesup, vol. 5, part 1, p. 484），以及耳环（特林吉特人与海达人，参见 Swanton, *Haïda*, p. 146)。它们还附在装饰的毯子、皮带和帽子上，例见克瓦基乌特人（*Kwa.*, p. 1069）。在克瓦基乌特人分支部落阿维克诺克人（Awikenoq）和拉西琼拉人（Lasiqola）之间，鲍鱼壳围绕着一个盾牌排列，而盾牌的形状令人惊奇地与欧洲人使用的极为类似（Boas, 'Fifth Report', p. 43）。这种盾牌似乎是最原始的形式，或者与铜盾牌相当，铜盾牌的形状也奇怪地跟中世纪的欧洲铜盾牌相似。

看来鲍鱼壳一定曾经有过金钱的价值，与今天的铜器一样。一个克塔洛克人（Ctatlolq）神话（南萨利什）将这两个角色联系在一起，"铜"（K'okois）和"鲍鱼"（Teadjas）。他们的儿子和女儿结婚了，孙子拿走了熊的"金属盒"，抢走了它的面具和举办"波特拉奇"的机会（*Indianische Sagen*, p. 84）。一个阿维克诺克人的神话把贝壳的名字，像不同形式的铜一样，和"月亮的女儿"联系起来（ibid, pp. 218, 219）。

在海达人中，这些贝壳每一个都有自己的名字，至少当它们有很大的价值并且众所周知时，就像它们在美拉尼西亚一样（参见 Swanton, *Haïda*, p. 146）。在其他地方，例如，在齐姆希安人中，还会为个人或神灵命名（相关命名的索引，Boas, *Tsim. Myth.*, p. 960）。参见克瓦基乌特人中用"鲍鱼的名称"指代不同氏族（*Ethn. Kwa.*, pp. 1261–75），如阿维克诺克人、拉西琼拉人等。这里的习俗当然是国际性的。在阿维克诺克族神话中提到并准确描述装满鲍鱼的饰有珍珠的盒子（Bella Kula）。而且里面有鲍鱼毯，都有太阳的光辉。神话中包含这个故事的酋长的名字是"莱格"（Boas, *Ind. Sag.*, p. 218 ff.）。这个名字是齐姆希安人大首领的名字。我们意识到，神话是伴随着这件事而来的。在海达人关于马塞特，即"造物主乌鸦"本身的一个神话中，他给妻子的太阳是一个鲍鱼壳（Swanton, *Haïda Texts*, Jesup, vol. 6, pp. 227, 313）。因为有鲍鱼头衔的神话英雄的名字，例见 *Kwa. T.*, vol. 3, pp. 50, 222。

在特林吉特人中，这些贝壳与鲨鱼的牙齿有关（*Tlingit T. M.*, p. 129）。可与美拉尼西亚使用鲸鱼牙齿的情况相比较。

此外，所有这些部落都崇拜用齿状突起物制成的项链（小贝壳）（尤见 Krause, *Tlinkit Indianer*, p. 186）。总之，我们在这里发现了与美拉尼西亚和太平洋地区完全相同的货币形式、相同的信仰和相同的用途。

此外，这些不同的贝壳是俄国人在占领阿拉斯加期间进行贸易的对象。这种贸易在加利福尼亚湾和白令海峡之间是双向的（Swanton, *Haïda Texts*, Jesup, vol. 6, p. 313）。

[226] 在特林吉特人当中，人们普遍认为，房子里的一切都在说话；神灵与房子的柱子和横梁交谈；他们从柱子和横梁上说话；柱子和横梁说话；通过这种方式，图腾动物、神灵、人和房子里的东西之间可以进行对话。这是特林吉特人信仰体系中的一条常规原则，例见 Swanton, *Tlingit*, pp. 458, 459。克瓦基乌特人的房子的倾听和交谈，参见 *Ethn. Kwa.*, p. 1279, line 14。

[227] 房子被认为是动产（我们知道，在日耳曼法律中，这种情况由来已久），能够被移动，甚至自己就能够移动（参见无数关于"魔法屋"的神话，特别是如果是由祖父所给予的，能够在眨眼间便被建造，参见 Boas, *Tsim. Myth.*, p. 852, p. 853）。克瓦基乌特人，例见 Boas, *Sec. Soc.*, p. 376，相关插图，参见 pp. 376, 380。

[228] 以下物品非常珍贵，同时被赋予巫术或宗教属性：（1）鹰的羽毛，通常与雨水、食物、石英和"良药"联系在一起，参见 *Tlingit T. M.*, pp. 128, 383; Haïda. (Masset), *Haïda Texts*,

Jesup, vol. 6, p. 292。（2）棍子和梳子（*Tlingit T. M.*, p. 385; Haïda, Swanton, *Haïda*, p. 38; Boas, *Kwakiutl Indians*, Jesup, vol. 5, part 2, p. 455）。（3）手镯，例如下弗雷泽部落（Boas, *Indianische Sagen*, p. 36）；（克瓦基乌特人），Boas, *Kwa. Ind.*, Jesup, vol. 5, part 2, p. 454。

[229]所有这些物品，包括勺子、碟子和铜制物品，都包含在克瓦基乌特人的通用术语"洛加瓦"中，其确切含义是"护身符，超自然的东西"。请参见我们之前的研究《货币概念起源》（*Origines de la notion de monnaie*），以及下列著作的序言：Hubert and Mauss, *Mélanges d'histoire des religions*。"洛加瓦"的概念就是面子。但事实上，就我们正在研究的主题而言，正是财富和食物中的"美德"产生了财富和食物。曾有传说谈到了一个护身符，"对于既有财物的巨大增长者"（*Ethn. Kwa.*, p. 1280, line 18）。还有一个神话讲述了"洛加瓦"是如何"乐于获得财物"的，以及四个"洛加瓦"（如腰带等）是如何聚敛财物的。其中一个被称为"使财物积累的东西"（*Kwa. T.*, vol. 3, p. 108）。事实上，是财富创造了财富。一句"海达人"的谚语甚至谈到了"让人发财的财物"，即青春期女孩所穿的鲍鱼壳（Swanton, *Haïda*, p. 48）。

[230]被称为"食物获取"的面具（参见"你将拥有丰富的食

物", *Kwa. T.*, vol. 3, p. 36, line 8)。克瓦基乌特人最重要的贵族之一被称为"邀请者""食物的给予者""鹰绒的给予者"(参见 Boas, *Sec. Soc.*, p. 415)。

篮子和装饰盒（例如，用于收集浆果）也很神奇，Haïda myth（Masset）, *Haïda T.*, Jesup, vol. 6, p. 404；关于"奎亚斯"（*Qäls*）的非常重要的神话混合了梭子鱼、鲑鱼和雷鸟，还有一个装满唾液和浆果的篮子，这只鸟的一滴唾液充满了栅栏（弗雷泽河下游的部落）, *Ind. Sag.*, p. 34；类似的阿维克诺克族神话（'Fifth Report', p. 28）指的是一个标有"永不为空"的篮子。

[231] 每道盘子都是根据上面的雕刻来命名的。在克瓦基乌特人中，他们代表着"动物酋长"（参见 p. 44）。其中有一个名叫"满载之盘"[Boas, *Kwakiutl Tales* (Columbia University), p. 264, line 11]。某个氏族的人是洛加瓦：他们曾与祖先"邀请者"交谈过（参见 note 232），告诉他把它们带走（*Ethn. Kwa.*, p. 809；参见 the myth of Kaniqilaku, *Ind. Sag.*, p. 198；参见 *Kwa. T.*, 2nd Series, Jesup, vol. 10, p. 205）：它讲述了变形人从他的篮子里拿出一些魔法浆果给他的岳父吃。这些植物变成了一丛荆棘，长满了他的全身。

[232] 见上文，n. 224。

[233] Ibid.

[234] 这个短语是从德语"报酬"(*Renommiergeld*)借来的,被克里克伯格(Krickeberg)使用。它非常精确地描述了这些皇冠状盾牌的使用,这些金属片同时是硬币,特别是酋长,或是为了被纪念而举办"波特拉奇"的人所携带的展示物品。

[235] 尽管讨论颇多,但北美西北部的冶铜工业仍然不太为人所知。Rivet (1923) 'L'Orfèvrerie précolombienne', *Journal des Américanistes*,他没有处理这件事。无论如何,似乎可以肯定的是,这种艺术早于欧洲人的到来。北方部落特林吉特人和齐姆希安人从"库珀河"(Copper River)中寻找、开采或接收当地铜矿资源(可参见早期作者以及 Krause, *Tlinkit Indianer*, p. 186)。所有这些部落都在谈论"铜山"(特林吉特人),*Tlingit T. M.*, p. 160;(海达人),Swanton, *Haïda*, Jesup, vol. 5, p. 130;(齐姆希安人),*Tsim. Myth.*, p. 299。

[236] 我们借此机会纠正我们在《货币概念起源》中所犯的错误。我们混淆了博阿斯使用的两种拼写"拉加"(*laqa*)、"拉加瓦"(*laqwa*)以及"洛加瓦"。我们的理由是,当时博阿斯经常用同样的方式写这两个词。然而,从那时起,很明显,前者的意思是"红""铜",而后者的意思仅仅是"一种超自然的东西,一种值得珍视的东西,一种护身符"。然而,所有铜物体

都是"洛加瓦",这意味着我们的分析仍然有效。但在这种情况下,这个词是形容词,以及"拉加"和"拉加瓦"的同义词,例见 *Kwa. T.*, vol. 3, p. 108,"洛加瓦"赋予铜器两种意义:"乐意获得财物的"和"导致财物积累的",但并非所有的"洛加瓦"都是铜器。

[237] 铜器是有生命之物;铜矿与铜山都是有魔力的,遍布着"致富植物", Masset, *Haida Texts*, Jesup, vol. 6, pp. 681, 692。参见 Swanton, *Haida*, p. 146 中的其他神话。铜器有一种气味(这也的确是事实), *Kua*, vol. 3, p. 64, line 8。制铜的特权是在齐姆希安神话中反复出现的重要内容,见 Tsauda 神话和 Gao 神话, *Tsim. Myth.*, p. 306 及以下诸页。在 Boas, *Tsim, Myth.*, p. 856 上有同类主题的汇总。在贝拉库拉部落,铜器似乎也被人格化了, *Ind, Sagen*, p. 306 及以下;参见 Boas, *Mythology of the Bella Coola Indians*, Jesup Exp., vol. 1. part 2, p. 71。在那里,铜器神话与鲍鱼壳神话是联系在一起的。而齐姆希安的 Tsanda 神话则与鲑鱼神话有关,所以这是一个值得讨论的问题。

[238] 因为是红色的,所以铜被认为是:(1)太阳,例见 *Tlingit T. M.*, nos 39, 81;(2)"火从天而降"(一种铜的名称), Boas, *Tsimshian Texts and Myths*, p. 467;(3)无论如何,鲑鱼。这一点在崇尚鲑鱼和铜器的克瓦基乌特人的双重崇拜中尤其明

显，*Ethn. Kwa.*，p. 685 ff。神话的顺序似乎如下：春天，鲑鱼的到来，新的太阳，红色，铜色。铜和鲑鱼之间的区别在北方部落体现得更为明显（类似的循环，参见 Boas，*Tsim. Myth.*，p. 856）。例如，海达人神话中的铜器，请参见 Masset，*Haïda T.*，Jesup, vol. 6, pp. 689；691, line 6 ff., n. 1（参见 p. 692, myth no. 73）。人们在这里发现了一个与波利克拉特斯族的戒指传说完全相同的传说：一条鲑鱼吞下了一个铜器（Skidegate, H., *T. M.*, p. 82）。特林吉特人和海达人一样，后来拥有了名为"Mouldy-end"（一种鲑鱼的名字）的生物的神话；参见锡特卡族神话：铜链和鲑鱼（*Tlingit T. M.*, p. 307）。盒子里的鲑鱼变成了男人，另一个版本参见兰格尔（Wrangell）的描述，ibid, no. 5。类似的故事参见 Boas，*Tsim. Myth.*，p. 857。齐姆希安人的一件铜器上刻着"铜回游"的标题，这是对鲑鱼的明确暗示（Boas，*Tsim. Myth.*，p. 857）。

研究是什么使这种铜崇拜与石英崇拜相似，例如石英山的神话，将是有益的，*Kwa. T.* 2nd Series, Jesup, vol. 10, p. 111。

同样，对玉的崇拜，至少在特林吉特人中，必须与对铜的崇拜相比较：玉鲑鱼会说话（*Tlingit T. M.*, p. 5）。一块玉石会说话，会说出名字（Sitka, *Tlingit T. M.*, p. 416）。最后，我们应该回顾贝壳崇拜及其与铜的关联。

^{239}我们已经看到，齐姆希安人中的 Tsauda 家族似乎是冶铜世家，或是其秘密的守护者。克瓦基乌特人关于贵族世家 Dzawadaenoqu 家族的神话似乎是同一类型的。与其联系在一起的包括："冶铜工人"（Laqwagila）、"富人"（Qomqomgila）、"制造铜器的女富人"（Qomoqoa）（*Kwa.*, vol. 3, p. 50）；它将整体与一只白色的鸟（太阳）联系起来，太阳是一只具有铜之气息的雷鸟的儿子，它变成了一个女人，生下了一对具有铜之气息的双胞胎（*Kwa.*, vol. 3, pp. 61-7）。

与祖先和贵族同名的"铜匠"有关的阿维克诺克族神话就没那么有趣了。

^{240}每个铜器都有其名称。用克瓦基乌特人的话说，那些有名字的大型铜器（Boas, *Sec. Soc.*, pp. 348, 349, 350）。有一份铜器的名单，但不幸的是，并没有指明哪个家族是它们的永久所有者（ibid, p. 344）。我们对克瓦基乌特大型铜器的名称了解得相当透彻。他们表现出加于其上的崇拜和信仰。其中有一个带有"月亮"的名字（Nisqa 部落）（*Ethn. Kwa.*, p 856）。其他人则有他们所体现的神灵和给予他们的人的名字，例如"Dzonoqoa"（*Ethn. Kwa.*, p. 1421）。它们代表了它的面貌。另一些则以图腾的创始精神命名：一个铜制物体被称为"海狸脸"（*Ethn. Kwa.*, p. 1427）；另一件铜器则被称为"海狮"

(ibid，p. 894)。其他名称只是暗示形状:"T形铜"或"长上四分之一"（ibid，p. 862)。其他的被简单地称为"大铜块。"(ibid，p. 1289)，"回响之铜"(ibid，p. 962)（同时也是一位首领的名称)。其他名称指的是它们所体现的"波特拉奇"，其价值体现在它们身上。铜器"麦克斯脱瑟姆"（Maxtoselem）的名字是"让其他人感到羞耻的人"［参见 *Kwa.*，vol. 3, p. 452, n. 1: 他们以负债为耻（gagim)］。另一个名字是"因为争吵"(*Ethn. Kwa.*，pp. 893，1026)。

特林吉特人铜器的名称，参见 Swanton，*Tlingit*，pp. 421，405。这些名字大多是图腾的名称。至于海达人和齐姆希安人铜器的名称，我们只知道那些与酋长或其所有者同名的铜器。

[241]特林吉特人根据其高度对铜器的价值加以评估，并以奴隶的数量为单位计算［*Tlingit T. M.*，pp. 131，337，260 (Sitka 部落与 Skidegate 部落等齐姆希安人); Tate，in Boas，*Tsim. Myth.*，p. 540; 参见 ibid，p. 436]。海达人类似的原则，参见 Swanton，*Haïda*，p. 146。

博阿斯仔细研究了每件铜质物品随系列"波特拉奇"活动而增值的方式: 1906年至1910年间，"莱萨克萨莱约"(Lesaxalayo) 铜器的价值为: 9000条毛毯，每件价值4美元; 50条船，6000条带有纽扣的毯子; 260个银手镯，60个金手镯，70

只金耳环，40台缝纫机，25台唱机，50个面具。部族先辈宣称："为了拉克瓦吉拉（Laqwagila）王子，我将所有这些微不足道之物倾囊相赠"（*Ethn. Kwa.*, p. 1352）。参见 ibid, line 28, 其中将铜器与"鲸之尸体"相提并论。

²⁴²关于破坏性原则，请参见其他内容。然而，对铜器的破坏似乎具有特殊性质。在克瓦基乌特人中，这是一件一件地完成的，每次"波特拉奇"活动上，都有新的四分之一被打碎。人们试图争夺下列名誉，即试图在每一次"波特拉奇"活动期间重新获得每个四分之一片，并将它们铆接在一起，直到对象再次完成。而这样一来，铆接后的铜器会增值（Boas, *Sec. Soc.*, p. 334）。

无论如何，消耗它们或粉碎它们就是杀死它们（*Ethn. Kwa.*, p. 1285, lines 8, 9）。一般的说法是"把它们扔进海里"；对于特林吉特人来说，情况也是这样（*Tlingit T. M.*, pp. 63, 399, song no. 43）。如果铜制物品不下沉也不死亡，那是因为它们是伪造的，由木头制成，因此浮出水面（齐姆希安人关于与海达人之间的"波特拉奇"的故事，*Tsim. Myth.*, p. 369）。当被击碎时，就可以说他们"死在海边"（克瓦基乌特人）（Boas, *Sec. Soc.*, p. 564, and n. 5）。

²⁴³在克瓦基乌特人中，似乎有两种铜制物品：一种较为重

要，不能流失到家族之外，除非为了重新铸造，否则不能被打破。另一种是完整流通的，价值较低的，似乎是第一种铜制物品的附属品（例见 Boas, *Sec. Soc.*, pp. 564, 579）。在克瓦基乌特人中，拥有第二类铜制物品无疑与低等贵族的头衔相对应，随着这类铜器的流通，对应的头衔也会从一个首领转移到另一个首领，从一个家族到另一个家族，跨越世代与性别的鸿沟。看起来，更高的头衔与更大的铜器将在氏族和部落中传承下去。除此之外，如果不是这样的话，情况可能会很难解释。

[244]一个海达人的神话，讲述了哈耶斯酋长的"波特拉奇"活动中一个铜制物体是如何歌唱的：这东西非常糟糕。制止"戈姆希瓦"（Gomsiwa，一个城镇和英雄的名字）；在这个小铜器周围有许多其他的铜器（*Haïda Texts*, Jesup, vol. 6., p. 760）。而其指的是一个"小铜物体"，它自身变大，其他物体围绕着它聚集在一起（参见前文提到的铜制鲑鱼）。

[245]在一首儿歌（*Ethn. Kwa.*, p. 1312, lines 3, 14）中，"刻着部落首领名字的铜器将聚集在他周围"。这些铜器被认为是"自动落入酋长的家"（一位"海达人"首领的名字，Swanton, *Haïda*, p. 274, E）。它们"在房子里相遇"，是"相互连接的铜片"（*Ethn. Kwa.*, p. 701）。

[246]请参见"邀请者"神话中的"铜器带来者"神话

(Quexsot'onox)（*Kwa. T.*, vol.3, p.248, lines, 25, 26）。同一个铜制物体被称为"财物的使者"（Boas, *Sec. Soc.*, p.415）。以邀请者为名的贵族的秘密之歌：

> 我的名字将是"财物朝我走来"，
> 因为我是财物的"使者"。
> 铜器向我走来是因为铜器的"使者"。

克瓦基乌特的文字非常准确地说，"阿克瓦吉拉"（The *aqwagila*），是"铜器的制造者"，而不仅仅是铜器的"使者"。

[247] 例如，在特林吉特人一次"波特拉奇"上的演讲中（*Tlingit T. M.*, p.379）；（齐姆希安人）铜器是一个铜制盾牌（*Tsim. Myth.*, p.385）。

[248] 一篇在儿子成年礼上赠送铜器的演讲说道，"赠送的铜器"是一种"盔甲"，一种"财物的盔甲"（Boas, *Sec. Soc.*, p.557），暗指挂在脖子上的铜器。此外，年轻人的头衔是财物持有人"亚奎斯"（Yaqois）。

[249] 克瓦基乌特公主在青春期被关在家中时候进行的一个重要仪式很好地说明了这些信仰；他们戴着铜制物品和鲍鱼壳，当时他们自己也被称为铜制物品，即"平面和神圣的事物，在房子里相遇"。据说"公主和其丈夫将很容易获得铜器。"（*Ethn. Kwa.*, p.701）。"房子里的铜器"是一位阿维克诺克族

英雄的妹妹的头衔（*Kwa. T.*, vol. 3, p. 430）。克瓦基乌特贵族的女儿所唱的一首歌，描述了其对"招亲仪式"（svayamvara）的向往，而这种仪式与印度教中的选夫属于同一仪式："我坐在铜器上。我母亲正在为我织腰带，准备好让我有一天吃'家常便饭'"（*Ethn. Kwa.*, p. 1314）。

[250] 铜器往往被赋予神灵的身份。很多铜制盾牌的表面都以刻画活灵活现的神灵纹章为主题。还有人将该铜器称为"多宗诺其亚"与"富婆"（*Ethn. Kwa.*, p. 860, p. 1421）。还有一些铜器被铸造为作为图腾的动物形象（Boas, *Tsim. Myth.*, p. 460）。在其他情况下，它们只是某些神话动物的特征。"铜鹿"和它的"铜鹿角枝"在克瓦基乌特夏季节庆活动中扮演着重要角色（Boas, *Sec. Soc.*, pp. 630, 631）；参见 p. 729："体量之大"（身上所承载的财物）。齐姆希安人认为铜器就像"神灵之发"（Boas, *Sec. Soc.*, p. 326）；就像"神灵的排泄物"（主题列表）（Boas, *Tsim. Myth.*, p. 837）；就像海獭的爪子一样（ibid, p. 563）。这些铜制物品是神灵们在"波特拉奇"中相互赠送的对象（*Tsim. Myth.*, p. 285；*Tlingit T. M.*, p. 51）。这些铜制物品"很讨人喜欢"。作为比较，参见 Boas, *Tsim. Myth.*, p. 846。

[251] "面长十尺之歌"（The song of Neqapenkem）："我是铜片，

部落首领则是被打碎的铜器。"文本及其意译,参见 Boas, *Sec. Soc.*, p. 428;参见 p. 667。

²⁵²铜器"单达拉宇"(Dandalayu)在自己的房间里呻吟,好让自己被送出去[Boas, *Sec. Soc.*, p. 622(发言稿)]。铜器"马克斯托塞伦"(Maxtoselem)"抱怨没人将自己打成碎片"。用来交换它的毯子"让他暖和"(Boas, *Sec. Soc.*, p. 572)。一个人回忆说,他有一个头衔,"其他铜器都不耻去看的人"(*Ethn. Kwa.*, p. 882, line 32)。

首领的财物,另一件海达人的铜器,Masset, *Haïda Texts*, Jesup, vol. 6, p. 689),"他的财物会发出响声",并在被打破后发出动静:"我会在这里腐烂,(因为'波特拉奇')我已经带了大量财富去死。"

²⁵³赠予者或接受者埋在毯子下面或走在毯子堆上的两种仪式是等效的。在第一种情况下,人比他的财富的地位高,而在第二种情况下,人比他的财富的地位低。

²⁵⁴总而言之:我们相当准确地知道,在北美西北部,仪式、支出和破坏是如何、为什么以及在什么时候导致货物易手的。然而,我们仍然对货物交换,特别是铜器的行为的提供形式知之甚少。这个问题应该是调查的主题。我们所知道的这一点非常有趣,当然也表明了物品与其所有者之间的联系。这不仅对

应于一件铜制物品的传承，称为"将铜制物品置于某某名字的阴影下"，而且在克瓦基乌特人中，它的收购为新所有者"增添了分量"（Boas, *Sec. Soc.*, p. 349）。在海达人中，不仅有人举起一个铜器来表示他正在购买一块土地（*Haïda T. M.*, p. 86），而且铜器也被用作打击乐器，正如罗马法中所述：人们用铜器打击被给予它们的人；这个仪式在一个故事中得到了证明（Skidegate）（ibid, p. 432）。在这种情况下，铜器接触到的东西被他吞并，被他杀死；此外，这是一种"和平"或"礼物"仪式。

至少在一个神话中，克瓦基乌特人（Boas, *Sec. Soc.*, pp. 383, 385；参见 p. 677, line 10）保留了爱斯基摩人的一种物质传递仪式的记忆：海达人神话中的"耗子女神"（Lady Mouse）会舔其所得到的一切（*Haïda Texts*, Jesup, vol. 6, p. 191）。

[255]在某种婚礼（象征性的破船仪式）中，他们唱道：

我要去"史蒂文斯山"（Mount Stevens），把它打碎。我要把它做成石头当我的火（碎片）。

我要去"卡萨山"（Mount Qatsaî），我要打破它。我要把它做成石头当我的火。

财富从伟大的首领那里滚滚而来。

财富从四面八方滚滚而来。

所有伟大的首领都会受到他的保护。

[256]此外，通常情况下，至少在克瓦基乌特人中，他们是相同的。一些贵族通过"波特拉奇"来彰显自己的身份。大首领的主要头衔，甚至可以简单表示为"麦克斯瓦"（Maxwa），意思是"伟大的波特拉奇"（*Ethn. Kwa.*, pp. 805, 972, 976）。参见在同一氏族中，名字"波特拉奇的给予者"等。在同一胞族的另一个部落 Dzawadaenoqu 人中，主要头衔之一是"珀劳斯"（PoLas）。相关谱系参见 n.209. 参见 *Kwa. T.*, vol.3, p.43。Heiltsuq 人的主要首领与"富婆"精神接触，并以"造富者"的名字命名（ibid, pp.424, 427）。Qaqtsenoqu 人的首领之子有"夏季名称"，即专门指定"财物"的氏族名称，以"雅阁"（yag）表示，意为："身上的财物""大笔财物""拥有财物""财物所在地"（*Kwa. T.*, vol.3, p.191；参见 p.187, line 14）。另一个克瓦基乌特部落 Naqoatoq 人给其首领的头衔是"麦克斯瓦"和"亚克斯勒姆"（Yaxlm）、"波特拉奇"和"财物"；这个名字出现在"石头身体"这一神话中（参见 'Ribs of stone', the son of Lady Fortune, Haïda）。神明对他说："你的名字将是"财物""亚克斯勒姆"（*Kwa. T.*, vol.3, p.215, line 39）。

同样，在海达人中，有一位首领的名字是："买不到的人"

(Swanton, *Haïda*, p.294, 16, I)。同一位首领还有一个头衔："济济一堂"，即"波特拉奇聚会"（ibid, no. 4；参见其余各处，还包括"屋中的财物"）。

第三章

古老法律与经济中相关原则的遗存

此前列出的所有事实，都收集自我们所称的民族志领域。此外，相关事实关注的是居住在太平洋边界的社会。[1] 通常，这类事实被用于满足好奇心，或者至多用做比较，以衡量我们自己的社会与这些被称为"原始"的制度之间的距离或近似程度。

然而，这些事实具有普遍的社会学价值，使我们能够理解社会进化的一个阶段。但是，还有比这更重要的东西：这些事实还与社会历史有关。相关机制确实是向我们自身的法律和经济形式的过渡，还可以从历史上解释我们所处的社会形态。在之前的社会中所采用的道德和交流实践，或多或少仍然保留着刚才分析过的所有原则的重要痕迹。事实上，我们相信，能够证明我们自己的法律和经济体系，恰恰发端自此前所描述的类似机制。[2]

我们生活在一个严格区分物和人、物权和人身权的社会中（这种对比现在遭到法学家自己的诟病）。这种区分具有基本属性：它构成了我们的财物、转让和交换制度之一部分的必要条件。而这与我们一直在研究的法律体系无关。同样，自闪族、希腊和罗马文明以来，西方文明在义务和有代价的提供及与之相对的免费赠予之间有着泾渭分明的划分。然而，在我们伟大文明的法律体系中，这种区别不是最近才出现的吗？难道我们的先祖没有经历过一个缺乏精打细算的冷静心态的阶段吗？他们难道没有人物相融的礼物交换的习俗吗？通过分析印欧法律体系的一些特征，可以证明其确实经历了这种蜕变。我们将在罗马人身上找到这方面的痕迹。在印度和日耳曼，我们将会发现，类似的法律本身直到晚近仍然非常活跃。

一

属人法和物权法（上古罗马法）

将这些古老的法律与被正式载入史册之前的罗马法[3]和当时的日耳曼法进行比较[4]，可以清晰地看出属人法与物权法这两种不同类型的法律制度。特别是，它使我们能够再次直面法律史上最具争议的问题之一，即"债务口约理论"*。[5]

---

* "债务口约理论"（Theory of the Nexum），拉丁文 nexum 是拘束、债的意思，在早期罗马法中，该词仅指"要式现金借贷"，这种契约和要式买卖都采用铜块和衡器的形式，且当事人需采用法定语言，其效力在于对未按期还债的债务人可施以苦役、出卖或杀戮等残酷处罚。后来随着现金借贷逐渐适用于所有可计量物的借贷，其意义（转下页）

在一项并非专门阐明这一问题的研究中[6],于维兰将债务口约与日耳曼法中的"抵押"(wadium)进行了比较,并将其与签订合同时作出的"附加承诺"(见于多哥、高加索诸国等地)进行了比较,而后又把附加承诺与"类感巫术"(Sympathetic Magic)以及要约提出者所接触过的全部事物赋予的力量相联系。但是,后者只能说明一部分事实。因为巫术惩罚只是一种可能,只是自然的结果,以及被神灵赋予的事物的精神性所造成的结果。首先,"附加承诺",特别是日耳曼法中的"抵押"[7],比交换承诺,甚至比旨在建立对另一方可能的巫术控制的终身承诺更重要。抵押物通常没有价值:例如,交换"信物棒",如罗马法[8]"合同"中的"麦秆"(stips)和日耳曼法"合同"中的"羊茅记事"(festuca notata)。就连那些来自闪米特人的"定金"[9],都不仅仅是事先预付的担保。它们本身就是有生命的东西。最重要的是,它们仍然是以前因互惠而有义务赠予的剩余部

(接上页)也成为普通的消费借贷契约。广义上,它指契约当事人之间的债务关系,有时可以与 obligatio 互换。公元前 326 年《柏德尔法》(Lex Poetilia)废除了这一制度。——译注

分。缔约各方受其约束。在这方面,这些额外的交流,作为一种拟制,表达了灵魂和事物之间的循环往复,二者相互交织在一起。[10]"债务口约",法律意义上的"留置权",来自于事物,也来自于人。

正是这种形式主义证明了物的重要性。在罗马法中,财物转移,基本上是奴隶和动产,后期则出现了不动产,绝不是普通、凡俗的或简单的。交接总是庄严的、相互的。[11]交易,仍然作为群体行为进行:至少应该由朋友充任的五名证人,还有"掌秤人"(仲裁者)。它与纯粹的现代司法和经济概念所没有的各种考虑因素混杂在一起。因此,正如于维兰清楚意识到的那样,由此建立的"债务口约",充斥着那些在他看来仅仅与巫术有关的宗教象征。

诚然,"债务口约"作为罗马法中最古老的合同形式,已经从集体契约中脱离出来,也与实质上主张集体承诺的古代赠予体系渐行渐远。罗马义务体系的史前史,可能永远无法确定。然而,我们相信可以指明应如何对其进行调查的方向。

当然,事物所表达的联系,除了巫术和宗教,还存在司法形式的言行所建构的联系。

在拉丁和古意大利人民的法律中,上述联系仍然以一些非常古老的法律术语为标志。其中一些术语的词源似乎指向这个方向。就此,我们提出以下假设。

原本,毫无疑问,事物自身具备某种人格以及内在的力量。事物不是《查士丁尼法典》抑或我们自己的法律体系所设想的消极对象。首先,物构成了家族的一部分:罗马的家族不仅包括人,还包括"物"(res)。我们在《学说汇纂》(*Digesta*)中可以找到相关定义。[12] 最值得注意的是,越是向上古追溯,"家"(familia)一词中的物之含义就越明显,甚至包括食物和家族的生存手段。[13] "家"一词的最佳词源[14] 无疑与梵文"房子"(dhaman)类似。

此外,物有两种。家产和"有体动产"(pecunia),即家族所有的奴隶、马、骡、驴,与远离畜栏的田地里散养的牲畜。[15] 根据售出的形式,人们还对"需经程序转手之物"(res mancipi)和"无须经程序转手之物"(res nec mancipi)进行了区分。[16] 前者,由贵重物品组成,包括不动产甚至儿童,除非按照"要式买卖"(the mancipatio)[17] 的圭臬，即"拿（capere）在手（manu）"，否则不能对其进行处置。家产和"有体动产"之间的区别，是否与"需经程序转手之物"和"无须经程序转手之物"之间的区别一致，争议颇多。对我们来说，毫无疑问，这种巧合最初是存在的。不适用"要式买卖"的物，恰恰是散养在田野里的小型牲畜，以及观念、词语和形式衍生自牛羊的"有体动产"和货币。可以说，古罗马人与我们此前在齐姆希安人和克瓦基乌特人聚居区所注意到的一样，同样区分在"屋里"（意大利，包括现在的法国仍然这样说）的永久和基本的物品，以及可以流转之物：食物、遥远牧场上的牛畜、金属和银钱，毕竟，即使是"未经要式买卖程序"的儿子也可以这样交易。

其次，物最初甚至不必是粗糙的或者任何有形体，也不必成为简单的、被动的交易对象。似乎最好的词源是将这个词与梵语"赠予"（rah）、"礼物"（ratih）[18]和一些令人愉快的东西进行比较。最重要的是，物肯定是给别人带来快乐的东西。[19]此外，物总是被盖上印章，作为家族财物的标记。因此，我们可以理解，作为庄严的转移占有形式[20]，"要式买卖"为"需经程序转手之物"

创造了某种法律纽带。因为，虽然物品已经在接收方手中，但转移占有的物品在一定程度和时间内继续属于原所有者的"家产"，仍然对其具有约束力。同时，该物品对其现占有人也具有约束力。接收方只有执行完契约，即通过支付和转移等行为完成初始缔约中双方规定的物品、价金或者劳务等，才能获得自由，反之，对出卖者也一样。

附　注

此外，在罗马法中的"盗窃物"（furtum）和"契约"（re）等两个方面，物所固有的权力概念也从未缺席。

就盗窃物而言[21]，其所引发的行动和义务显然是由于物本身所固有的力量。物拥有一种"永恒的权威"（aeterna auctoritas）[22]，一旦被盗或者彻底灭失，就会让人感觉到它的存在。在这方面，罗马人的物，与印度人或海达人的财物没有区别。[23]

契约包括如下四种最重要的类型：借款、存款、质押和无偿借用。一些无名的契约，尤其是那些我们认为跟售卖契约一样，自身便是契约之起源的赠予和交换[24]，同样也被归入此列。但这是不可避免的。事实上，即使在我们目前的法律体系中，如在罗马法中，也不可能规避[25]最古老的法律规则：赠予的前提，是必须存在物品或劳务，而该物品或劳务必须使人承担义务。例如，以忘恩负义为理由取消礼物显然是一种正常的甚至是自然的法律制度，这种情况常见于晚期罗马法[26]，但在我们的法律制度中仍然属于颠扑不破的戒律。

但这些孤立的事实只有在某些契约中才能得到证明，而我们的论题要宽泛得多。我们认为，在遥远的罗马法时代，任何时候，物的交付行为，都属于除文字和书面之外的基本要素之一。然而，罗马法在这个问题上一直摇摆不定。[27]一方面，罗马法宣示交换的严肃性，至少对合同行为是必要的。另一方面，正如我们所描述的古老法律所规定的那样——"物的所有权不能仅通过交付便出现转移"（nunquam nuda traditio transfert dominium）[28]——尽管其同样宣告（如在公元298年，戴克里先时代），"物的所有权根据交付仪式以及使用时间，而非经过契约完成转移交付"（Traditionibus et usucapionibus dominia, non pactis transferuntur)²⁹。物,即劳务或事物,属于契约的基本要素。

此外,所有这些备受争议的问题,皆与词汇和概念有关,而且,鉴于古代资料相对匮乏,很难有效解决。

到目前为止,我们对相关事实非常笃定。然而,也许可以更进一步,也许可以向法学家和语言学家指出一条可以进行搜索的坦途正道。循此道路,人们可以大胆勾勒,在十二铜表法时代,甚至更早时期,法律体系出现了崩解和消解。家产和有体动产以外的法律概念,也值得深入研究。下面,我们将拟制出一系列前提假设,其中每一个单独的假设可能都不是很重要,但作为整体,所有假设将共同构建起一个相当可观的法律体系。

几乎所有的契约和义务概念,以及这些契约所采取的某些形式,似乎都与通过原始的交付事实所创造的精神纽带体系相联系。

首先,缔约方是"有责的"(reus)[30],他因为接受另一方的物,从而需要为此承担责任。也就是说,因为物本身所具有的精神属性,导致其与该物产生了联系。[31]这个概念的词源早已被人提出,但经常遭到反驳,理由是毫无意义。但恰恰与此相反，有责的含义非常清楚。事实上，正如希恩（Hirn）所指出的[32]，reus一词，原本是res的所属格，即res加上os，并取代了rei jos，指代为物的所有人。的确，希恩和采纳其观点的瓦尔德[33]将res翻译为[34]"审判"，将rei jos翻译为"参与审判"。但是这种解读无疑是任意的，同时武断地假设res首先是一个程序概念。相反，如果各位接受我们的语义推导，接受物和物的交付属于"事件"，抑或公开"审判"的对象，那么就会意识到"参与审判"仅仅只是一个次要的意义。更重要的是，对于有责概念来说，"过错"的含义更具有衍生性。我们将以一种与通常遵循的方式正好相反的方式来追溯其意义的谱系。我认为其意思包括：（1）被物占有的个体；（2）物的交付牵扯的个人；（3）过错方和负有责任的人。[35]从这一观点出发，"准违法"（quasi-offence）作为契约、口约和诉讼之起源的所有理论都变得更加清晰。仅仅接手某物的事实，就让接收方处于一种不确定的"准过错"（damnatus, nexus, aere obaeratus）状态，以及相对于契约中的交付者，处于精神上的劣势和道德上的"不平等"（magister, minister）状态。[36]

同样，我们还将一些非常古老的形式特征，抑或不太为人所理解的"要式买卖"[37]，即早期罗马法中的所谓"买卖"（emptio Vendication），跟这一思想体系联系起来。[38] 首先，我们必须注意，契约形式中总是少不了交付。[39] 物的"最初占有者"（the tradens）展示这一财物，然后郑重其事地与之分手，将其交给接收方，从而也完成了对其的"购买"。其次，"要式买卖"本身对应的就是上述交易过程。收到东西的一方会将其"拿到手"，不仅承认该物被接受，同时承认自己在支付对价前，被"卖出"了。和审慎的罗马人一样，我们通常只考虑"要式买卖"，仅仅将其理解为一种占有，但是在同一过程中，既有对相关物的占有，也有对人的占有。[40]

此外，关于买卖[41]对应于两个单独的行为还是一个单独的行为，已经进行了长时间的讨论。可以看出，我们提供了另一个理由，说明必须考虑将其视为两个单独的行为，包括一手交钱一手交货，即二者几乎没有间隔地顺次发生的销售情况下，也应被视为两个单独的行为。正如在更加原始的法律形式中出现赠予，然后回赠一样，在古罗马法中也是先有出售，后有支付。在这种情况下，整个契约体系，甚至包括订立行为本身，都变得不难理解。[42]

事实上，只要注意到订约者的郑重其事就足够了：如包括铜锭的"要式买卖"，接受奴隶为了给自己赎身所交付黄金的仪式[43]［黄金"必须是纯净的、优质的、清白的，以及他自己的"（puri, probi, profani, sui）］。这些形式大同小异。此外，它们都是最古老的"卖"（emptio）——牲畜和奴隶的买卖形式——呼应了所采用的形式，并以民法规定的形式为我们保存下来。[44] 接收方，作为第二个拥有者，只接受没有缺陷的东西，尤其是不存在巫术瑕疵的东西。接受，只是因为他可以回报或补偿，或付出代价。人们应该注意到："偿付代价"（reddit pretium）、"回报"（reddere）这样的表达中，都带有"给"（dare）这个词根。[45]

此外，费斯图明确地为我们保留了"买"（emere）一词的含义，以及该词所表达的法律形式。他还说："'卖'意指送走或带走，而'买'于古人意为接受（abemito significat demito vel auferto; emere enim antiqui dicebant pro accipere', see under abemito）。"此外，他重新采用了下列概念："现在的'买'的意思就是过去买卖人所说的'收下'

('Emere quod nunc est mercari antiqui accipiebant pro sumere' see under emere)。"这也是拉丁语单词本身所涉及的印欧语单词的意思。Emere 是指从某人那里得到、接受某物。[46]

另一个术语"买卖",听起来似乎是一个不同于谨慎的罗马人的司法注释。对罗马人来说,只有易货和赠予,而不会将价格和金钱作为销售的标志。[47]Vendere 源自 venum dare,是一个史前类型的古代复合词。[48]其中显然包含了字根 dare,提醒我们赠予和转让之意。至于另一个要素,似乎借用了一个印欧术语,意思不是销售,而是销售的价格,梵文表示为 vasnah——希恩还将其与保加利亚语中的一个词进行了比较,后者指代彩礼(购买妻子的价格)。[49]

其他印欧法律体系

上述关于古罗马法的假设,在某种程度上与史前秩序有关。拉丁人的法律、道德和经济一定曾经沿用过这些形式,但当其自身建构的机制登上历史舞台后,就被渐渐遗忘了。因为正是罗马人和希腊人[50]——也许是继北方和西方的闪米特人之后[51]——发现了属人法和物权法之间的区别，将买卖与赠予和交换分开，将道德义务和契约区隔开来，特别是设定了仪式、法律和利益之间存在的差异。正是他们，在经历了一场名副其实、伟大而令人钦佩的革命之后，超越了所有过时的道德和赠予经济。赠予制度过于依赖机会，过于夸张奢华，过于为人情世故所掣肘，与市场、商业和生产的发展格格不入。总之，已经变成了反经济的存在。

此外，我们所有的重建工作只是一种极有可能的假设。然而，无论如何可以肯定的是，其他的印欧法律体系（那些真正有书面记载的法律）在和我们大致相同的历史时期，也曾有过我们俗称为原始社会的大洋洲和美洲原住民部族的那种制度。有鉴于此，我们假设的可能性便会升高，我们亦可以更加确定地对其予以概括总结。

在印欧法律中，过往痕迹保存得最为完好的两种法律，是日耳曼法和印度法，相关文献也最为丰富。

二、

古典印度法[52]：赠予理论

在使用印度教法律文献时，人们往往会遇到相当大的困难。印度法典和具有同样权威的史诗，皆由婆罗门起草，我们甚至可以说，这些文献如果不是为了他们自己，至少是为了他们的利益而制定。[53]然而，相关文献只向我们展示了理论意义上的法律体系。因此，只有在其所包含的众多"供述"的帮助下，通过重建的努力，我们才能简单地看到"刹帝利"（ksatriya）、"吠舍"（vaicya）等其他种姓通常适用何种法律、经济制度。在这种情况下，"布施法"（danadharma）理论，即我们将要描述的"赠予法则"，只适用于婆罗门通过宗教仪式索取和接受礼物的场合，以说明他们为什么应该得到礼物。当然，正是这种给予婆罗门的责任受到了无数禁令的约束，才可能在王公贵族之间、在其他不同种姓和种姓内部，以及普通人之间存在着截然不同的关系。我们几乎永远无法探其究竟，但这并不重要，关于印度教实践的事实早已众所周知。

雅利安人入侵后的古印度，实际上是一块实施双重"波特拉奇"的土地。[54] 首先，"波特拉奇"的现象仍然存在于古印度的两个大族群当中，这两个群体的人数众多，构成了印度人口的底层主体——阿萨姆人，即所谓"藏缅部落"，以及蒙达人（munda），即所谓"澳亚部落"。我们甚至有权假设这些部落的传统是在婆罗门背景下存在的。[55] 例如，你可能会看到堪与巴塔克人被称为"因地亚克"（indjok）的传统做法或马来人的其他待客原则相媲美的遗存[56]：禁止在没有邀请不速之客共同进餐的情况下自行进食，"他之所以没有和朋友分享，是因为吃的是'哈拉哈啦毒药'（Halahalah Poison）。"此外，即使不属于同一类型，类似的机制也在最古老的"吠陀"（Veda）中留下了一些痕迹。毕竟这种做法几乎遍布整个印欧世界[57]，我们有理由相信是雅利安人带到印度的。[58] 几乎可以无疑确定的是，这两种倾向是与吠陀后期，即两条大河（印度河和恒河）冲积平原的拓展开发时期同时发生并融合在一起的。毫无疑问，这两个传统也相辅相成。因此，一旦我们从文学的吠陀时代走出，就会发现这个理论已有了极大的发展，它的实践也极为发达。《摩诃婆罗多》讲述了一场盛大的"波特拉奇"活动:俱卢族(Kauravas)与般度族(Pandavas)之间的骰子游戏;黑公主(Draupadi)的比武招亲。[59] 类似传说在史诗最精彩的片段中反复出现,例如,纳拉(Nala)和达马扬蒂(Damayanti)的浪漫故事,乃至整篇《摩诃婆罗多》都讲述了建造和组装房屋、掷骰子游戏等。[60] 但所有这一切,被故事的文学和神学色彩弄得面目全非。

然而,我们提出的论点并不需要我们分析这些不同的起源,并对整套机制进行假设性的重建。[61] 与此类似,也无须在比较研究中详细阐述相关种姓阶层的数量及其繁盛的年代。后来,由于某些与本文无关的原因,相关法律体系消失了,只在婆罗门阶层留有些许遗迹。然而,可以说,从公元前八世纪到公元二至三世纪,相关法律体系在长达六到十个世纪的漫长时间段内一直有效。这就足够了。史诗和婆罗门法则仍然散发传统的意味:赠予仍然是强制性的,事物具有特殊的人格,并且被视为个体的组成部分。让我们只描述这些形式的社会生活,并研究其原因。简单的描述也将相当具有说服力。

被赠予的东西在今生和来世都会产生回报。在此生中，会自动为赠予者产生与之相当的东西[62]：赠予出去的物并没有灭失，而是自我复制；在来世，你会发现同样的东西，而且只多不少。被赠予的食物，在今生会还给予者；而其同样会成为他在来世找到的食物。在他的轮回再生中，他仍然会找到那些同样的食物。[63] 可供止渴的井水和泉水[64]，可用以度日的衣服和金钱，助人在灼热的地面上行走的凉鞋和伞盖，无论今生还是来生，都会回到给予者身边。赠予他人的土地为他人带来了丰收，使赠予者的事业在今世、来世以及未来的重生中繁荣发展，譬如新月，日趋圆满；送人土地，（从一次收获到下一次收获）逐年附增。[65] 土地赠予它的收成，它的收入、税收、矿产和牲畜。土地的赠予礼物一旦完成，就可以使赠予者和接受者同样从中收益。[66] 所有这些"司法—经济"神学都是在无数诗篇的华丽词藻中发展起来的，无论是法典还是史诗，都没有停止对这一主题的喋喋不休。[67]

此外，土地、食物和人们所给予的一切都是人格化的：它们是与人对话并参与契约的存在，它们寻求被送出。这片土地曾与食火仙人（Jamadagni）之子拉玛交谈，当后者听到土地的吟唱后，将整首歌送给了迦叶佛（Kacyapa）本人。这片土地[68]用它特有的古老语言告诉他：

> 接收我（接受者）；
> 送出我（赠予者）；
> 通过赠予，你将再次得到我。

它补充道，这次用一种平白的婆罗门语言表示："或在此生，或在来世，如有付出，必有所得。"一部非常古老的法典[69]讲述了安娜（食物本身变成了神明）曾如此宣称：

> 如若持我，不献诸神，不奉亡灵，不赐其仆，不与其宾，且待独食，在其愚钝，妄吞毒药，我则食彼，我即将终。
>
> 如若有人，奉上"火供"（agnihotra）、完成献祭（vaiçvadeva）[70]，供养所有应供养者，再食剩者，且生欢喜，唯精唯诚，之于此人，吾乃珍馐，使彼悦我。

食物的本质便在于分享。不与他人分享便是"扼杀它的本质"，于人于己皆为损失。这就是婆罗门主义对慈善和好客的解释,既强调物质主义,也带有理想主义。[71] 财富是用来赠送的。如果没有婆罗门接受它,"富人的财富将毫无意义"[72]。无知而食者害其食物,亦为所食者害。[73] 食物就会打破法律、功德和食物生生不息的循环。[74]

此外,在这种交换的相互作用中,以及在盗窃中,婆罗门阶层将财物与人明确地区分开来。婆罗门的财物就是婆罗门自身。巫师的吠陀已经指出:"婆罗门的牛是毒药,是毒蛇。"[75] 古老的法典《浮陀衍那》(Baudhayana)[76] 宣称:"婆罗门的财物荼毒[有罪的人]和他的子孙;毒药实非[毒药];婆罗门的财物才是真正的毒药[卓越]。财物本身包含制裁机能,因为它代表了婆罗门可怕的一面。甚至没有必要有意识地和有意地盗窃婆罗门的财物。《摩诃婆罗多》中我们最感兴趣的部分告诉我们[77],亚杜斯国王恩尔加(Nrga)是如何因为手下臣民错将属于一位婆罗门的一头牛给了另一位婆罗门而变成一只蜥蜴。收到牛的婆罗门发自内心接受了它,不想把它物归原主,哪怕是十万头牛也不换。这是因为这头牛现在已经是他家的一部分,也是他自己的一部分:

> 它适应了这个地方和这个时代,产奶颇多,驯

顺温良。这头牛的产乳温醇，为吾家至宝。

它（这头牛）养活了我那身体羸弱的断奶幼子，万万不可转手他人。

被人拿走母牛的婆罗门也不会让步。这头奶牛已然成为这两位婆罗门无可替代的财物。面对拒绝让步的双方，这位不幸的国王因为财物，而被诅咒了数千年。[78]

在赠与物与赠与人之间，财物与所有者之间，没有任何比关于牛之赠与的规则更紧密的联系了。[79]这种关系极为鲜明。诗中的主人公，"法王"（king Dharma）[80]郁希西拉（Yudhisthira）就是靠放牛，通过吃大麦和牛粪，通过睡在地上，而成为国王中的"公牛"。因此，奶牛的主人需要在长达三天三夜的时间内效仿，遵从"奶牛的愿望"。[81]其中的三分之一时间（即一整天）他只能靠"牛的汁液"——粪便和尿液（在尿液中存在财富）——为食。三个晚上中还有一个晚上，他需要和母牛一样躺在地上，注释者补充道，"不得搔痒，不得打跳蚤。"借此认定自己与牛"身心交融、合二为一"。[82]当他走进牛栏，用圣名呼唤奶牛[83]，他补充道："母牛是我的母亲，公牛是我的父亲"，等等。他会在施舍过程中重复上述话语。这是一个庄严的转让时刻。在赞扬奶牛之后，接受者说道：

> 你是什么，我就是什么，今天就已成为你的本质。把你送出去，我就给了自己。[84]

在收到礼物时，接受者念咒曰"巴喇隄噶喇哈那"（pratigrahana）[85]，然后说道：

> 在精神中转变（传播），在精神中接受，让我们彼此荣耀，你们这些拥有"如月"（soma）"似日"（Ugra）躯体者。[86]

婆罗门法律的其他原则强烈地让我们想到前文描述的某些波利尼西亚、美拉尼西亚和美洲土著习俗。收受赠礼的方式令人惊奇地相似。婆罗门有一种不可战胜的自豪感。首先，他拒绝与交易扯上关系，他甚至不能接受由此产生的任何东西。[87]在一个存在城镇、市场和货币的国民经济中，婆罗门仍然忠实于古代印度—伊朗牧民的经济和道德类型，也忠实于大平原上非土著和土著农民的经济和道德形态。他甚至还保留着贵族那种高贵的态度[88]，谁越是被冒犯，就越是向他施压。[89]《摩诃婆罗多》中的两节记述了七位大仙（同时也是伟大的先知）及其随从。在饥荒时期，当他们即将吃掉茨比（Cibi）国王之子的尸体时，是如何拒绝国王采弗亚·弗萨达布哈（Çaivya Vrsadarbha）向他们提供的丰厚礼物，甚至是金无花果，并回答他：

> 王啊，从王那里受的，起初是蜜，后必为毒。

接下来是两通诅咒。整个理论甚至有点滑稽。这个以赠予为生的整个种姓都声称拒绝礼物。[90] 然后它让步，接受那些自发提供的东西。[91] 接着，起草了一份长长的名单[92]，上面列出了它可以接受礼物的人，在什么情况下，在什么样的事情上，直至在饥荒时期[93] 来者不拒[94]，当然，形式上要略显赎罪之态。[95]

这是因为赠予者和接受者之间建立的纽带对他们两人来说都太牢固了，就像我们之前研究过的所有系统一样，这里更重要的是，他们之间的联系太紧密了。接受者将自己置于对赠予者的依赖地位。[96] 这就是为什么婆罗门不能从国王那里"接受"礼物，更不用说索取礼物了。他是神灵中的神灵，比国王优越，如果接受礼物就会贬低自己。此外，对于国王来说，给予的方式与给予的内容一样重要。[97]

因此,礼物是应该被赠予的,应该被接受的,同时这样做又是危险的东西。这是因为被给予的东西本身,尤其是当赠予的是食物时,形成了一种双边的、不可撤销的纽带。接受者要看赠予者的脸色[98],甚至每个人都依赖于对方。因此,不能在敌人那里吃饭。[99]

于是出现了各种古老的预防措施。法典和史诗详细阐述了这一主题,因为印度教学者非常清楚如何做到这一点,即赠予、赠予者和赠予的事物是相对而言的[100],在关注细节、充分谨慎的基础上,确保在赠予和接受的方式上不会犯错误。这完全是一个礼仪问题,不像在市场上,客观地说,明码标价。没有什么是不重要的。[101] 契约、联盟、货物的传递,这些货物在给予和接受这种形式的经济道德的人之间传递所产生的联系,都考虑到了这一切。缔约双方的性质和意图,所给事物的性质,都是不可分割的。[102] 这位身为法学家的诗人知道如何完美地表达我们想要描述的内容:

> 这里除了一个轮子(只朝一个方向转动),什么都没有。[103]

三

日耳曼法：抵押与赠予

日耳曼社会并没有为我们保存类似于印度教法那般古老且完整的赠予理论[104]，尽管如此，他们还是出现了一套自愿或义务地交换礼物、赠予、接受和回报的制度，这种制度定义明确，发展完善。鲜有其他制度如此典型。

曾几何时，日耳曼文明本身并没有市场的概念。[105]它基本上仍然是一个封建农耕社会，"买价"和"卖价"的概念甚至术语似乎直到近代才出现。[106]在早期，日耳曼文明中已经发展出近乎极致状态的整套"波特拉奇"系统，尤以完整的赠予系统最为突出。部落中的氏族，氏族中不可分割的大家族[107]，各部分彼此之间，首领彼此之间，君王彼此之间——在很大程度上，他们在道德和经济上都生活在家族群体的封闭范围之外。因此，正是通过赠予和联盟的形式，通过承诺和人质，通过尽可能慷慨的宴会和礼物，他们相互沟通、帮助和结盟。我们早些时候看到了几节关于赠予的《哈瓦玛尔》。除了史诗《埃达》，我们还要指出如下三个事实。

第一个事实是，对源自"赠予"（geben）和"礼物"（gaben）的非常丰富的德语词汇并没有进行详细的研究。[108] 相关词汇数量异常之多："分发"（Ausgabe）、"送交"（Abgabe）、"发出"（Hingabe）、"施舍"（Liebesgabe）、"嫁妆"（Morgengabe）、"慰问品"（Trostgabe）。对礼物、赠予等问题的研究，以及对这些词所指机制的研究，也有待进行。[109] 另外，理查德·迈耶（Richard Meyer）在我们所知的最具吸引力的民俗研究之一中，对礼物和礼物的整个体系，其在传统和民间传说中的重要性，包括回报的义务，进行了令人钦佩的描述。[110] 我们目前主要将其作为参考，并提请注意精心挑选的关于施加义务的"礼物"的强度、构成交换的提供、要约、对该要约的接受以及回报义务的评论。

还有一种不久前盛极一时,且毫无疑问仍然存在于德国农村地区道德和经济习俗中的制度,从经济角度来看,具有非凡的重要性。在这里意为"礼物"的"加本"(gaben)[111],与印度教中的"阿达纳姆"(adanam)完全相同。在洗礼、圣餐、订婚和婚礼仪式上,客人(通常包括整个村庄的人)在婚礼早餐后,或在前一天或第二天(Guldentag),赠送价值通常大大超过婚礼费用的礼物。在德国的某些地区,"加本"是新娘的嫁妆,在婚礼当天早上送给新娘。这被称为"晨礼"(Morgengabe)。在一些地方,礼物赠予得慷慨大方,被认为能够确保这对年轻夫妇多子多福。[112]通过订婚签订的婚约,教父和教母在不同时期为帮助和接济(Helfete)孙子孙女而提供的各种礼物,同样重要。我们对这一主题并不陌生,在法国的一些习俗和民间故事里,特别是当讲到仙女的时候,仍然广为人知。还有一些关于邀请、未被邀请者的诅咒以及被邀请者的祝福和慷慨的传说也众所周知。

第二个事实是,上述机制具有相同的起源。在各种各样的日耳曼契约中,都需要提供"质押"。[113]法语词汇"担保"(gage)正是来源于德文中的"保证"(wadium），对此可参见英语中的同义词（wage）。于维兰[114]已经向我们表明，日耳曼法中的"保证"[115]提供了一种理解合同约束关系的方法，并将其与罗马法的"口约"相提并论。正如于维兰所解释的那样，接受的保证允许日耳曼法律中的缔约方彼此作出反应，因为每一方都拥有另一方的某些东西。而另一方，作为东西曾经的主人，可能对其施了咒语，抵押物经常被一分为二，一半由一方保管，另一半由另一方保管。然而，在这样一种解释的基础上，有可能再加上另一种更准确的解释，其中可能会介入巫术制裁。这不是唯一的保证。在质押中给予和承诺的事物本身，凭借其自身的力量，构成一种契约。首先，抵押是强制性的。在日耳曼法律中，任何合同，无论是买卖合同、贷款合同还是存款合同，都包括质押的部分。向另一缔约方提供一般价值不大的物品；如一只手套、一枚硬币（Treugeld）、一把刀或（如今天的法国）别针，在支付所交物品的款项后将退还。于维兰已经注意到，上述物品本身没有什么价值，通常是私人物品。他正确地将这一行为与被称为"生命记号"（life-token）的观点相比较。[116]以这种方式传递的东西确实充满了赠予者的个体属性。事实上，它是在接受方手中刺激缔约方履行合同，以赎回的东西为自己赎身。因此，这种关系存在于事物之中，而不仅仅存在于巫术，或者仅仅存在于契约的庄严形式、话语、誓言、交换的仪式或握手之中。就像在文件中一样，这种保证是具有神奇价值的"行为"，每个缔约方保留的"记录"，是每个人都参与和他人分享的实质的凭证。

此外，"抵押"（wadiatio）的两个特点证明了事物固有的力量。抵押不仅是一项有约束力的义务，而且对移交人的名誉[117]、权威和法力也有约束力。[118] 后者只要没有从自己的赌咒发誓中解脱出来，就仍然处于劣势。因为"律法保证"（Wette，wetten）一词[119]，具有跟"赌咒"和"保证"一样的含义。其作为竞争的代价和挑战的认可，甚至比约束债务人的手段更直接。只要契约还没有兑现，就好比要输掉赌注、在赛跑中居于下风。因此，损失的比承诺的要多，比必须付出的还要多。这并没有考虑到，只要抵押物尚未赎回，他就有可能失去他所收到的东西，而原物主都将向他索赔。

第二个特征显示了接受抵押所固有的危险，因为不仅是给予者承诺了自己——接受者也约束了自己。就像特罗布里恩群岛的接受者一样,他对所给予的东西也很谨慎。因此,当抵押物是一只装饰有字符和刻痕的"羊茅记事"(festuca notata)时,就被扔在对方的脚下。[120]如果是"符木",则他可以保留一部分或不保留一部分,但不能用手接,只能在地上屈膝捡拾。整个仪式以挑战的形式进行,充分体现了两者之间缺乏信任。此外,在英语中,"丢下抵押"一度相当于短语"丢下护手"。这是因为抵押,即"抵押物",就像所给予的东西一样,对双方都有危险。[121]

还有第三个事实。毫无疑问,在非常古老的日耳曼法律和语言中,最能感受到给予或传递的事物所代表的危险。这就解释了所有这些语言中"赠予"一词的双重含义,一方面是礼物,另一方面是毒药。我们在别处追溯了这个词的语义历史。[122] 在日耳曼民间传说中,致命的礼物、变成毒药的礼物或财物是最基本的主题。莱茵河的黄金对于获得者来说足以致命,而用哈根(Hagen)的杯子饮宴的英雄注定横死。无论是日耳曼人还是凯尔特人,类似的故事和传说不胜枚举,时至今日仍然牵动着我们的感情。让我们引用这一节,其中,《埃达》史诗中的英雄赫雷德玛(Hreidmar)[123]对洛基(Loki)的诅咒做出了如下回应:

> 你赠了礼,
> 给的却非爱的礼物,
> 你所给的不是一颗善良的心。
> 尔等早就应该小命不保,
> 如若我早一点察觉这危险。

凯尔特法

印欧社会中的另一大族裔,即凯尔特人,想必肯定了解赠予机制。于贝尔(Hubert)和作者本人已经开始为这一说法提供证据。[124]

中华法

最后,伟大的文明,即中华社会,从远古时代起,就保留了我们所关注的法律原则。中华法系承认所有东西都与最初的主人存在着不可分割的联系。即使在今天，如果有人卖掉了自己的某件财物[125]，甚至哪怕是一件动产，仍然可以终其一生对买主享有所谓"哭他的财产"的权利。黄神父*曾记载过这些由卖方将其交给买方的"叹契"（notes of complaint）的若干格式类型。[126] 这是一种持续的对物权，也是一种持续的对人权，即便该物被最终纳入他人的家产，同时已经履行了"不可撤销"的"杜绝契"，卖方仍可在很长一段时间内继续享有这种权利。通过传递的东西，即使其是可消费的，签订的盟约也不会转瞬即逝，缔约双方被视为处于一种对彼此永久依赖的状态。

在安南人（Annamite）的道德观念中，接受礼物是危险的。指出这一事实的韦斯特马克（Westermarck）[127]已经意识到了相关的重要意义。

---

* 黄神父［Pierre Hoang（Huang Bolu），即黄伯禄，1830—1909］，江苏海门人，华人天主教徒，其所从事的"汉学"研究著作除关注中国社会各项制度外，也包含了对自然科学的研究。——译注

注 释

[1] 当然,我们知道事实还有另一个维度(参见 Ch. 4, n. 38, p. 156),此时停止研究只是暂时的。

[2] 梅勒特(Meillet)和亨利·莱维·布鲁尔(Henri Lévy-Bruhl),以及令我们倍感惋惜的同事于维兰,就下一段向我们提出了宝贵的建议。

[3] 我们知道,对整个罗马法的前四个世纪而言,除了对《十二铜表法》的假设重构以及其他一些铭文上的法律文本,资料来源还相当贫乏。然而,我们不会采用兰伯特所采取的极端观点。参见 Lambert (1906) *L'Histoire traditionnelle des Douze Tables*, (Mélanges Appleton)。但我们必须同意,罗马学者的大部分理论,甚至罗马考据学者自己的理论,都必须视为假设。我们不必在假设的基础上添加另一个假设。

⁴关于日耳曼法，可参见其他研究。

⁵关于债务口约，参见 Huvelin，'*Nexum*' in *Dict. des Ant.*；'Magie et Droit individuel'，*Année Sociologique* 10，及其在 *Année Sociologique* 7：472 ff. 中的分析与讨论；9：412 ff.；11：442 ff.；12：482 ff.；Davy，'Foi jurée'，p. 135；罗马学者的参考书目和理论，参见 Girard，*Manuel élémentaire de Droit romain*，7th edn，p. 354。

在我们看来，从各个角度来看，于维兰和杰拉德（Girard）都非常接近事实。我们只建议对于维兰的理论进行一点补充与商榷。"侮辱条款"（The 'insults clause）['Magie et droit individuel'，p. 28；参见 'Injuria'（Mélanges Appleton）] 在我们看来，不仅仅带有神话性质。可以将其视为远古"波特拉奇"遗存的典型事例。相较于债务人，债权人所占据优势地位这一事实使得其能够侮辱对他负有义务的对手。由此产生了一系列重要的关系，我们在《社会学年鉴》（*Année Sociologique*）中提到了这些关系，关于"戏谑关系"，特别是温尼哈戈（苏族）部落的关系。

⁶Huvelin，'Magie et droit individual'，*Année Sociologique* 10.

⁷参见 p. 60；"抵押"（the wadiatio），参见 Davy，*Année Sociologique* 12：522，523。

[8] 对 stips 一词的解释，主要基于塞维利亚的伊西多尔（560—636 年，西班牙博物学家，著有《辞源》一书，在其看来，stips 指代象征交易的麦秆，买卖双方各执一半，以证明彼此的权利义务关系）的看法。参见 vol. 5, pp. 24, 30; Huvelin (1906) *Stips, stipulatio…* (*Mélanges Fadda*); Girard, *Manuel*, p. 507, n. 4, 沿用萨维尼的观点，反对瓦罗（Varro）和费斯图（Festus）的文本，反对这种纯粹和简单的比喻性解释。但费斯图事实上曾在一句不幸部分缺失的句子中说过：……可能是一根插在地上的棍子（巴比伦汉谟拉比时代合同中提到的出售土地时会将棍子插在地上）。参见 Cuq (1910) 'Etude sur les contrats…', *Nouvelle Revue Historique du Droit*, p. 467。

[9] 参见 Huvelin, loc. cit., in *Année Sociologique* 10: 33。

[10] 我们无意介入罗马法学者之间的辩论。但是，就于维兰与杰拉德就"债务口约"的观点，我们希望补充几点：（1）"债务口约"一词源自 nectere。关于后者的意思，费斯图所保存的一份相当罕见的宗教文件（*Napuras stramentis nectito*）中可见一斑。该文件明确提到了用麦秆打结表示的财物禁忌。因此，"交付之物"（*tradita*）本身就是一种标记和纽带，能够使接受者受到约束。（2）接受口约的个体是"接受者"（*accipiens*）。只是口约的庄严公式将其称为'*emptus*'，即通常被翻译为"购

买方"。但实际上,"购买者"其实就是意味着"接受者"。接受了别人的东西,自己就会因为对方的出借而被买下、被接受,这是因为他不仅接受了契约所涉及的物品,也接受了对方出借给他的铜锭。至于在这一操作过程中是否存在"被谴责者"(*damnatio*)以及"握取行为"(*mancipatio*)等(Girard, *Manuel*, p.503),在这个问题上,我们不持立场,我们认为所有这些术语相对而言都是同义词,相关表述参见 *nexo mancipioque* and that of *emit mancipioque accepit* on inscriptions(涉及奴隶买卖)。此外,因为仅仅从某人那里接受了某样东西这一事实就让你对他负有义务,"被谴责"(*damnatus*)、"购买方""口约"等概念意义大体相同也就不足为奇了。(3)在我们看来,罗马法学者,甚至于维兰,通常都没有对有关口约的形式主义的细节给予足够的关注:青铜铸锭的命运,以及费斯图所讨论的"铜的束缚"。这种铸锭,在口约形成时,由交易的一方交给另一方。但是,我们认为,如果后者想要解除自己的义务,就不仅需要履行承诺的劳务,或者返还收到的物品或其价款,而且特别还需要在相同的天平上,在相同的证人面前,将相同的铜锭返还给借出者或者卖方。如此一来,他就成了购买和接受的一方。有文献对这种关系解决方案的仪式进行了充分的描述(Gaius, III, 174,该文本在很大程度上依靠重新建构得来;我们采用了杰拉德接受的解读；参见 *Manuel*，p. 501，n；参见 ibid，751）。在现金交易过程中，可以说，这两种行为同时发生，或者间隔很短。这一双重象征不如赊销或严肃执行的借贷那么明显。这就是为什么人们没有意识到这种双重作用。但它仍然在现金买卖中发挥作用。如果我们的解释是准确的，除了来自所使用的庄严形式的关系和来自事物的关系，事实上还有另外由缔约双方依次给予和接受铜锭，并在相同的天平上称重所建立起来的联系。（4）此外，不妨假设一下，在使用铜币之前，在出现可被称量的铜，甚至在曾代表牛的铸锭（我们知道，第一批罗马货币上所表现的牲畜就是牛，所以毫无疑问可被视为属于罗马氏族交易牛的所有权契约）之前。假设某次销售的对价，是用真正的牛或象征性的牛来支付的。那么只要让买卖双方聚到一起，特别是将卖方带到买方面前，双方充分认识到牲畜的象征性交割，就已经足够。在牛的销售或任何处置中，买方或最后一位拥有者与卖方或前一位拥有者保持至少一段时间的联系（因为买方方面可能存在违规行为等），还可参见我们关于印度教法和民间传说中相关行为的论述。

[11] Varro, *De re rustica*, II, part 1, 15.

[12] *On familia*, see *Digesta*, L, XVI, *De verbo sign.*, no. 195, ss. 1. '*Familiae appellatio, etc. …et in res et in persona diducitur,*

…etc.'(Ulpianus). 参见 Isidore of Seville, XV, 9. 5。在罗马法中,直到晚近,遗产的分割仍被称为"分家",*Digesta*, XI, II. Again, in the Code, III, XXXVIII. Conversely *res* = *familia*; in the Twelve Tables, V, 3, *super pecunia tutelave suae rei*。参见 Girard, *Textes de droit romain*, p. 869 n. *Manuel*, p. 322; Cuq, *Institutions*, I, p. 37。Gaius II, 224, reproduces this text, *stating super familia pecuniaque. Familia* = *res* and *substantia* also in the Code (Justinian), VI, XXX, 5。参见 also *familia rustica et urbana*, *Digesta*, L, XVI, *De verbo sign.*, no. 166。

[13] Cicero, *De Oratione*, 56; *Pro Caecina*, VII. Terence:'*Decem dierum vix mihi est familia.*'

[14] Walde, *Lateinisches Etymologisches Wörierbuch*, p. 70. 瓦尔德(Walde)对他提出的词源犹豫不决,但其实没有必要。此外,家庭的主要的物,即"需经程序转手之物"(mancipium),是需经程序转手的奴隶,所以,奴隶的别称"家人"(famulus)与家庭一词同源。

[15] "神圣约法"(the 'sacratae leges')(参见 Festus, under this heading) 和众多文本,都证明了家产和"有体动产"的区别,相关文本,参见 Girard, *Textes*, p. 841, n. 2, *Manuel*, p. 263, n. 3; p. 274。很明显,这种命名法并不总是非常确定的,

但是，与杰拉德的观点相反，我们相信，传统上最初曾存在非常精确的区分。此外，这种概念区分还出现在意大利传统族群"奥斯克"（Osque）［生活在拉丁奥地区的人们的语言，是拉丁语的根源］，*famelo in cituo*（*Lex Bantia*, line 13）。

[16] 只有到了公元532年，罗马法废除了《据法申辩法》（Quiritary law），才消除了"需经程序转手之物"和"无须经程序转手之物"之间的区别。

[17] "要式买卖"，可参考下文论述。事实上，直到晚近，对这种合同形式的坚持，或者至少是律法意义上的坚持，证明了家庭在处理"需经程序转手之物"时面临的窘境。

[18] 相关修辞，参见 Walde, p. 650。参见 rayih，意味财物、贵重物品、护身符；参见"阿尔斯塔语"（Avestic）中的 rae, rayyi，具有相同含义；参考古爱尔兰语 rath，即"无偿赠予"。

[19] 在"奥斯克"中指代物的单词是 egmo，参见 *Lex Bantia*, lines 6, 11。瓦尔德把 egmo 和 egere 联系起来，后者意为"一个人所缺少的东西"。意大利的古代语言确实可能有两个相对应的词，彼此对立，前者用来表示给予和给予快乐的事物，后者用来表示缺乏的事物以及期待得到的事物。

[20] 参见下文。

[21] 参见 Huvelin, *Furtum*（Mélanges Gerard）, pp. 159 – 75;

Etude sur le Furtum, 1. *Les sources*, p. 272。

²²一条相当古老的拉丁法谚"被窃之物仍具有对物的永恒的权威"(Quod subruptum erit ejus rei aeterna auctoritas esto),参见 Aulus Gellus, XVII, 7。选自 Ulpianus, III, pp. 4, 6;参见 Huvelin, 'Magie et Droit individual', *Année Sociologique* 10: 19。

²³在海达人当中,偷东西的人只要在小偷的门外放一个盘子,通常就会让该物失而复得。

²⁴Girard, *Manuel*, p. 265. 参见 *Digesta*, XIX, IV, *De permut.*, 1, 2:"物之交付启动了对物之义务"(*permutatio autem ex re tradita initium obligationi praebet*)。

²⁵Mod. Regul., in *Digesta*, XLIV, VII, *De Obl. et act.* 52,"此间之物即是约束"(*re obligamur cum res ipsa intercedit*)。

²⁶Justinian (in A. D. 532), *Code*, VIII, LVI-10.

²⁷Girard, *Manuel*, p. 308.

²⁸Paul, *Digesta*, XLI, I-31, 1.

²⁹*Code*, II, III, *De pactis*, 20.

³⁰关于 reus 的"过错""有责"的含义,参见 Mommsen, *Römisches Strafrecht*, 3rd edn, p. 189。古典解释源于一种历史先验,认为个人,尤其是刑事公法,是原始法的典型,并将产权和契约视为复杂的现代现象。然而,从契约本身推断契约权利

显然更为简单!

[31] 另外,reus 在宗教中地位(参见 Wissowa,*Religion and Kultus der Römer*,p. 320,notes 3,4)丝毫不逊于律法:*voti reus*,*Aeneid* V,237;*reus qui voto se numinibus obligat*(Servius ad *Aeneid*,IV,699)。Reus 的同义词还包括 *voti domnatus*(Virgil,Eclogues,V,80);这确实典型,因为 *damnatus* 的含义等同于"被约束的"(*nexus*)。对神立过誓的人,与承诺或收到东西的人处于完全相同的位置。在彻底清偿前,他都是被约束的。

[32] *Indo-germanische Forschungen*,XIV,p. 131.

[33] *Lateinisches Etymologisches Wörterbuch*,p. 651。参见 *reus*。

[34] 这是早期罗马法学家自己的解释(Cicero,De Or.,II,183,"凡对物之争议皆须规训"[*Rei omnes quorum de re disceptatur*]);他们总是在脑海中翻腾着"诉讼"的含义。之所以如此,是因为其还保留了《十二铜表法》时期的记忆,其中,reus 不仅指定被诉一方,其实指代的是诉讼的双方,即后来出现的程序中出现的提诉方与责任参与者。费斯图(under *reus*,参见 another fragment,'*pro utroque ponitur*')在评论《十二铜表法》时,引用了两位非常早期的罗马法学家的观点。参见 Ulpianus in *Digesta*,II,IX,2,3,*alteruter ex litigatoribus*。双方都受诉讼的同等约束。有理由假定他们事先同样受到相关物的约束。

[35] 费斯图引用的古罗马法学家十分熟悉有责概念，即对物负责、因物负责的概念（*reus stipulando est idem qui stipulator dicitur…reus promittendo qui suo nomine alteri quid promisit*），费斯图显然将其理解为保证，即所谓的"责任共担"（correality）。但是传统罗马法学者所谈论的显然是不同的东西。此外，"责任共担"（Ulpianus in *Digesta*, XIV, VI-7, 1 and the title *Dig.* XLV, II, *de duo reis const.*）其实也指在诉讼中某人以及为他担保的"亲朋好友"与物的一种不可分割的关系。

[36] In the *Lex Bantia*, "奥斯克语"中的'*ministreis—minoris partis*'（line 19），指败诉的一方，而这些概念的含义在意大利语中从未消失。

[37] 罗马法学者对"要式买卖""买卖"之间的区分似乎有些过犹不及。在《十二铜表法》出现的时代甚至更晚，都不太可能存在纯粹合意的买卖合同，我们可以粗略推测，其是在斯凯沃拉时代的某个时候出现的。《十二铜表法》所使用"*venum duuit*"一词，只是用来表示可以进行的最庄重正式的买卖形式，即只能通过"要式买卖"出售儿子的行为（*Twelve Tables*, IV, 2）。此外，至少就与 *mancipi* 有关的事项而言，在当时，完全通过"要式买卖"进行，因此，所有这些概念都是同义词。古人对于上述混同也有所记载（参见 Pomponius, *Digesta*, XL,

VII, *de statuliberis*:'*quoniam Lex* XII. T. *emotionis verbo omnem alienationem complexa videatur*')。相反,"要式买卖"一词在很长一段时间内,一直到"律法诉讼"(Actions of the Law)出现为止,都是通过合意达成的纯契约行为,就像有时会与之混同的"信托"(*fiducia*)。参见 documents in Girard, *Manuel*, p. 545(参见 p. 299)。即使是"要式买卖""让与"(*mancipium*)"债务口约",无疑从很早的时候起就被使用,彼此之间没有太大区别。

然而,在保留这一同义关系的同时,我们在下面只考虑构成家产的一部分物,我们立足的基础,参见 Ulpianus, XIX, 3(参见 Girard, *Manuel*, p. 303:'*mancipatio…propria alienato rerum mancipi*')。

[38] For Varro, *De re rustica*, II, 1, 15;II, 2, 5;II, V, 11;II, 10, 4, *emptio* 一词包含了 *mancipatio*。

[39] 人们甚至可以想象,这一交付是伴随着像奴隶为自己赎身的"解放"(manumissio)形式所实现的。我们对双方在"要式买卖"中的行动知之甚少;另外,真正值得注意的是,"奴隶解放"(Festus, under the heading *puri*)的形式与牲畜等动产的买卖形式完全相同。也许,在把他要交的东西拿到手里之后,物的最初占有者用他的手掌拍几下。人们可以比较美拉尼西亚

的班克群岛卖猪时,或者我们在牲畜市场上买卖牲畜时会在动物屁股上拍一巴掌的做法。然而,这些都还仅是理论假设,如果不是因为文献,特别是盖尤斯(Gaius)的文本在此方面存在大篇幅空白的话,我们不会贸然进行这样的假设。希望有一天能够发现文献以填补这些空白。

需要提醒的是,我们发现的海达人"敲击"刻画纹饰的铜器做法,也属于上述方式。参见 Ch. 2, n. 256, p. 136。

[40] 见上文关于"债务口约"的论述。

[41] Cuq, *Institutions juridiques des Remains*, vol. 2, p 454.

[42] 见上文。契约的订立,即交换一根棍子的两截,不仅对应于古代的保证,也对应于古代的额外赠予。

[43] Festus (*manumissio*).

[44] 参见 Varro, *De re rustica* 2, 1, 15; 2, 5; 2, 5, 11: *sanos*, *noxis*, *solutos*, etc。

[45] 注意还有"借贷"(*mutui datio*),事实上,罗马人只有"给"(*dare*)一个词,来指代所有交付行为。

[46] Walde, ibid, p. 253.

[47] *Digesta*, XVIII, I–33, extracts by Paul.

[48] 相关类型的概念属于,参见 Ernout (1911) *Credo - Craddhâ* (Mélanges Sylvain Lévi)。意大利-凯尔特语和印度-伊

朗语涉及法律的词汇中其他与"物"有关的例子，可参见 *tradere*, *reddere*。

⁴⁹参见 Walde（ibid）under the heading *vendere*。

甚至有可能，非常古老的"拍卖"（*licitatio*）一词仍然保留着战争与售卖（拍卖）等价的记忆：费斯图认为"竞拍亦争斗"（*Licitati in mercato sive pugnando contendentes*）。比较特林吉特人和克瓦基乌特人的表述："斗富", Ch. 2, n. 147, p. 114, 以及"波特拉奇"的表述。

⁵⁰我们没有充分研究希腊法律，或者更确切地说，在爱奥尼亚人和多利安人大规模编纂法典之前的相关法律，因此无法确定希腊各民族是否设立过关于赠予的规则。有必要审查涉及以下各种问题的完整文献：赠予、婚姻、抵押［参见 Gernet（1917）*Revue des études grecques*；参见 Vinogradoff, *Outlines of the History of Jurisprudence*, vol. 2, p. 235］，好客、利益和契约，但我们只能找到与之相关的若干片段。然而，亚里士多德（*Nichomachean Ethics*, 1123 a. 3）在谈到宽宏大度的公民及其公共和私人开支、职责和负担时，提到了接待异族、出使之仪、赠予回礼，并补充道："赠予有点类似于献祭。"（参见 Ch. 2, n. 152, p. 116, Tsimshian。）

另外两个现存的印欧法律体系国家，阿尔巴尼亚和奥塞梯，都有这类机制。我们将仅提及禁止或限制这些民族在婚姻或葬礼方面过度支出的法律或现代法令,例见 Kovalewski, *Coutume contemporaine et Loi ancienne*, p. 187, n。

[51]我们知道,几乎所有使用的契约形式都在公元前五世纪埃及的菲莱犹太人写在"阿拉姆纸莎草"上的文献得到证实。参见 Cowley(1923)*Aramaic Papyri*, Oxford。我们还了解到恩格纳德(Ungnad)对巴比伦契约的研究(参见 Huvelin, *Année Sociologique* 12: 508, and Cuq(1910)'Etudes sur les contrats de l'époque de la Ire Dynastie babylonienne', *Nouvelle Revue de l'Histoire du Droit*)。

[52]古代印度教的律法,主要通过两个系列的文献汇编为我们所知,与其他[印度教]的"经文"相比,这两个系列汇编成书相当晚。最古老的系列包括《法经》(*Dharmasutra*),比勒(Bühler)认为其成书早于佛教('Sacred Laws', in *Sacred Books of the East*, Introduction)。但可以肯定的是,只是其中有一部分"经"(*sutra*),或者说是这部分经所基于的传统,是不晚于佛教而出现的。无论如何,其构成了印度教所谓"启示"(Çruti)的一部分。另一个系列由"传统"(*smrti*),或《法书》(*Darmaçastra*)构成,其中主要的便是著名的《摩奴法典》(Code of Manu),就其而言,出现的时间几乎不晚于《法经》。

然而，我们更倾向于使用一份长篇史诗作为参考文献，而其在婆罗门传统中，具有"传统"和"教法"（çastra）的价值。《摩诃婆罗多》第十三卷《教诫篇》（Anuçasanaparvan）以一种完全不同于其他法律书籍的清晰方式对于赠予的道德法则作出了说明。而且，它极受重视，具有与后者同样的价值和启示。特别是，其编纂的基础，似乎基于与《摩奴法典》相同的玛纳瓦婆罗门学派的传统（参见 Bühler, 'The Laws of Manu', in *Sacred Books of the East*, p. 70 ff.）。此外，有人可能会说，《摩奴法典》和《教诫篇》相互引用。

无论如何，后者具有不可估量的价值。正如评论所说，这是一本关于赠予（danadharmakathanam）的伟大史诗，超过三分之一的篇幅是四十多篇"说理"。此外，该书在印度非常受欢迎。这首诗讲述了伟大的国王和先见毗湿摩（Bhisma）在临终时刻躺在箭床上，如何以悲剧的方式向伟大的坚战王（Yudhisthira）背诵这首诗。

我们将其称为：*Anuç*。通常会给出两个参考：其所在的诗节行号和依据，以及《说品》（*adhyaya*）中的行号。抄本中使用的字符被斜体替换。

[53]很明显，从不止一个特征来看，如果不是规则，至少教法和史诗的版本，可以追溯到他们所描述的与佛教的斗争之后。

无论如何,《教诫篇》都是如此,充满了对该宗教的暗示（*Adhyaya* 120）。由于起草最终版本的日期可能相当之晚,人们可能会在相关文本（*Adhyaya*,114,第10行）中发现与赠予理论精确相关的基督教典故,其中广博仙人（Veda Vyasa）补充道:"是为微妙之法。"（*nipunena*,Calcutta）"己所不欲勿施于人,是为法之大要。"（*naipunena*,Bombay）（line 5673）然而,对于创造成语和谚语的婆罗门来说,自己也并非不可能得出这种类似于基督教式的格言。事实上,前一行（line 9 = 5672）就存在深刻的婆罗门风格,"彼为欲所使,落于弃与施,落于吉与凶,落于乐与苦,人所思量者,反招诸己身"。在拒绝和礼物、好运和厄运、快乐和缺乏快乐方面,人们衡量它们（事物）的是与自己的关系。尼拉坎塔（Nilakantha）的评论相当正式、非常原创,属于出现在基督教之前的评论:"如人之待人,以己度人。设身处地反思自己在恳求之后遭人断然拒绝之后的感受……乃至应当乐施好舍。"

⁵⁴我们并不是说,从很早的时候,即《梨俱吠陀》(*Rg Veda*)的写作时期,到达印度东北部的雅利安人还不知道市场、商贩、价格、货币和销售等概念（参见 Zimmern, *Altindisches Leben*, p. 257 ff.）: *Rg Veda* IV, 24, 9。最重要的是,《阿达婆吠陀》（*Atharva Veda*）对这种经济形式很熟悉。因陀罗本人是个

商人。(Hymn, III, 15, used in *Kauçika-sutra*, VII, 1, VII, 10 and 12, 在一个要去做买卖的人所举行的仪式上。See, however, *dhanada*, ibid, line 1 and *vajin*, the epithet of Indra, ibid。)

我们也不是说印度的契约只存在货物转移交付时存在"真实"的一方、作为自然人的一方和正式一方的这种起源；印度人也并非不清楚其他形式的义务，例如准违法义务。我们只想证明，在另一种形式、另一种经济和另一种心态之外存在的这些法律形式的相关事实。

[55] 特别是，一定存在类似于土著部落和部族之间、村庄之间的全体提供式交换形式。婆罗门被禁止接受来自"大众"的任何东西，最重要的是不参加他们举办的任何宴会，针对的无疑是这种全体提供（*Vasistha*, 14, 10 and *Gautama*, XIII, 17; *Manu*, IV, 217）。

[56] *Anuç*., lines 5051, 5045（=*Adh*. 104, lines 95, 98）：勿饮无精华之液体，勿忘致同席者之赠礼。评注：应邀其就座，对方亦当与之共进饮食。

[57] 例如，"阿达纳姆"（*adanam*），是朋友们送给刚刚行成年礼或剃度礼的年轻人的父母、或者订婚夫妇等的礼物，而这即使是在做法上也与我们后面提到的日耳曼人的"加本"［参见 *grhyasutra*（家庭仪式），Oldenberg, *Sacred Books*, Index, un-

der these various headings］十分类似。

还有一个例子：来自赠予（食物）的名誉，阿努萨。*Anuç.*, 122, lines 12，13，14："得荣彼亦荣，得彰彼亦彰。""善哉！于此、于彼。是为布施者，诸方得赞颂。"（*Anuç.*, line 5850.）

[58]此外，词源和语义研究将使我们能够得出与罗马法类似的结论。最古老的吠陀文献中充斥着词源比拉丁语更为清晰的词汇。这些词源得以产生的体系，即便涉及市场与销售，也与我们的体系截然不同。在该体系中，没有我们通常谈到契约时所能想到的那些东西，而代之以交换及赠予。关于梵语单词 *da*（及其无限多的派生词）的含义，我们经常注意到不确定性（所有印欧语言中都普遍存在这种情况），我们将其翻译为"给予"，例如 *ada*（"接受""获取"），等等。

让我们选择两个吠陀术语另作一例，而这两个吠陀文字最能代表销售的技术行为。这两个用语分别是：以一定价格出售（*parada çulkaya*），以及所有以动词 *pan* 为词根的单词，例如"商贩"（*pani*）。除 *parada* 包括 *da*，即给予这一事实之外，真正具有拉丁语"价金"（*pretium*）的技术意义的 *çulka*，意味着完全不同的东西：它不仅意味着价值和价格，而且还意味着战斗的代价、彩礼、性劳务的报酬、税和贡品。从《梨俱吠陀》

出现的时代起，动词 pan 就被赋予了单词 pani（商人、吝啬鬼和对陌生人的称呼）。金钱的名称［pana，以及后来出现的著名的"一元银币"（karsapana）］等意味着出售，以及玩、下注、为某事而战、给予、交换、冒险、获胜。此外，毫无疑问，意味着"名誉""赞扬""赞赏"的动词 pan 也与之存在实质联系。Pana 同时也意味着：出售的东西、工钱、赌博和游戏的对象、赌场，甚至取代招待的客栈。所有的这些词汇都表明了这是只有在"波特拉奇"中才会出现的想法。一切都指向最初的交换体系，而其用于构想后来的买卖机制的确切含义。然而，我们不要通过词源学来进行这种重建的尝试。之于印度，这是不必要的，很有可能让我们偏离轨道，毫无疑问将超越印欧世界这一研究对象范围。

[59] See résumé of the epic in *Mhbh. Adiparvan*, reading 6.

[60] 例见 the legend of Hariçcandra, *Sabhaparvan*, *Mahbh.*, Book 2, reading 12。其他例子参见 *Virata Parvan*, reading 72。

[61] 关于我们分析的主要主题，即回报的义务，我们必须承认，在印度法律中发现的类似事实很少，参见 *Manu*, VIII, 213。即便如此，最明显的事实是禁止互惠的规则。显然，很可能一开始，婆罗门的白宴，即葬礼宴席（çraddha）曾繁盛一时，属于邀请和回请的机会。然而，以这种方式行事的做法后来却被

正式禁止了，*Anuç.*, lines 4311, 4315 = XIII, reading 90, lines 43 ff."只邀请朋友去白宴的人不会上天堂。不得邀请朋友或敌人，但应邀请两旁世人等。向身为朋友的牧师提供的报酬，将背负'恶名'(*picaca*)。"(line 4316.) 与当时的习俗相比，这项禁令无疑构成了一场真正的革命。甚至连律师和诗人都把它与某个时间和某个学派联系在一起(*Vaikhanasa Çruti*, ibid, line 4323 = reading 90, line 51)。狡猾的婆罗门实际上是在让众神和亡灵归还给献祭给他们自己的礼物。毫无疑问，普通人继续邀请他的朋友参加葬礼。此外，这种情况在印度一直持续到今天。就他而言，婆罗门没有回礼，没有邀请，甚至，不管怎么说，都没有接受邀请。然而，保存在大量文献中的婆罗门法典，足以说明我们所讨论的情况。

[62]*Vas. Dh. su.*, XXIX, 1, 8, 9, 11-19 = *Manu*, IV, 229 ff. 参见 *Anuç.*, all readings from 64-9(with quotations from the *Paraçara*)。这本书的这一部分似乎都是基于一种连祷文；它是半占星术式的，从读数为64的"星座"(*danakulpu*)开始，某个人必须将这个或那个给予另一个人。

[63]*Anuç.*, 3212；即使是提供给狗和给"为狗做饭的人"，即"贱民"(*çudra*)的东西，[或烹煮狗肉的人](*çvapaka*)(= reading 63, line 13；参见 ibid, line 45 = lines 3243, 3248)。

[64] 请参阅关于上述方式的一般原则,在往复轮回中,你会再次发现所赠予的事物(XIII, reading 145, lines 1-8, lines 29, 30)。与吝啬鬼有关的制裁也在第15—23行中列出。特别是,将会"投胎到一个贫穷的家庭"。

[65] *Anuç.*, 3135. 参见3162(=reading 62, lines 33, 90)。

[66] Line 3162(=ibid, line 90).

[67] 说到底,《摩诃婆罗多》这一部分所回答的一切,都是对以下问题的回答:如何能拥有易变的财富女神(Çri)?第一个答案是,财富女神生活在母牛的粪便和尿液中,在作为女神的母牛允许它居住的地方。这就是为什么送一头牛作为礼物可以保证幸福(reading 82; see below, n. 79.)。第二个答案基本上是印度教的,甚至是印度所有道德学说的基础,它告诉我们财富和幸福的秘密(reading 163)是给予而不是保留,不是寻找财富而是分配财富,这样财富就可以在今生以及来世,以你所做的好事的形式自动回到你身边。放弃自我,获得只是为了给予,这是自然法则,也是真正的利益之源(line 5657 = reading 112, line 27):"每个人都应当乐善好施,如此才能令日日充实。"

[68] 第3136节(-lect. 62,第34节)把这几句诗称作"*gatha*"(偈颂)。它并非"*cloka*"(输洛迦),因此可能是非常

古老的传说。而且，我相信，前半节诗"*mamevadattha, mam dattha, mam dativa mamevapsyaya*"（第 3137 节 = lect. 62，第 35 节），极有可能与后半节是各自独立的。另外，第 3132 节原先也是独立成篇的（= lect. 62，第 30 节）："就像母牛奔向小牛，她那充盈的乳房正在滴奶，那福地也正奔向土地的赠与者。"

[69] *Baudhayana Dh. su.*，11，18——显然，这不仅就是当时的待客之道，也反映了当时的食物崇拜，可以说，食物崇拜与吠陀宗教的后期形式是同时代的，一直持续到毗湿奴教，并融入其中。

[70] 吠陀后期的婆罗门献祭；参见 *Baudh. Dh. su.*，11，6，41，42；参见 *Taittiriya Aranyaka*，VII，2。

[71] 整个理论在慈氏仙人（*rsi* Maitreya）和广博仙人的化身"蒂亚萨"（Tyasa）之间的著名讨论中得到了阐述（*Anuç.*，XII，120，121）。在所有这些讨论中，我们发现了婆罗门主义与佛教斗争的痕迹［尤见 line 5802（= XIII，120，line 10）］具有一定历史意义，暗示了"黑天派"（Krishnaism）曾占据上风。但所教授的确实是古代婆罗门神学教义，甚至可能是前雅利安时期印度最古老的道德学说。

[72] Ibid, line 5831（= reading 121，line 11）。

[73] Ibid, line 5832（= reading 121，line 12）。在加尔各答版之

后，人们应该把它读成 *annam* 而不是 *artham*（孟买版）。第二行晦涩难懂，毫无疑问抄写得很糟糕。然而，仍有一定的意义。"他所吃的食物，只要是一种食物，他就是杀害它的凶手，因为他无知而死。"以下两行仍然是谜一样的，但更清楚地表达了这个想法，并暗指了某个应该被称为仙教（*rsi*）的教义（line 5834 = ibid, 14）："智者，博学之士也，吃了食物，却能使食物重生，而其作为主人，反过来，食物使其重生"（5863）。"这是（事物）发展的过程。因为给予者的优点就是接受者的优点（反之亦然），因为这里并不是只有一个轮子在一边转动。"《摩诃婆罗多》的翻译在很大程度上是一种释义，但它基于优秀的评论，颇能达意（除了一个关于 *evam janayati*，第十四行的错讹之处：重新创造的是食物，而不是后代）。参见 = *Ap. dh. su.*, 11, 7, 3："在主人面前吃饭的人破坏了食物、财物、后代、牲畜和家庭的美德。"

[74] 见上文，n. 64。

[75] *Atharvaveda*, see 18, 3；参见 ibid, lines 19, 10。

[76] I, 5, 16（参见前文提到的被偷之物的永恒权威）。

[77] Reading 70。这与赠牛有关（相关仪式参见 reading 69）。

[78] Line 14 ff."婆罗门的财物就如同（杀死恩尔加）婆罗门的母牛。" line 3462（= ibid, 33）.（参见 3519 = reading 71, line 36）

[79] *Anuç.*, readings 77, 72; reading 76. 这些规则涉及大量的细节，这些细节有点难以置信，而且肯定是理论性的。这一仪式归因于一个特殊的学派，祈祷主（reading 76）。持续三天：交付前的三个晚上，交付后的三个白天；在某些情况下，它甚至持续十天（line 3532=reading 71, 49; line 3597=73, 40; 3517=71, 32）。

[80] 他生活在持续不断的"赠牛活动"（*gavam pradana*）（line 3695=reading 76, line 30）。

[81] 此外还涉及一种赠予者和牛之间相互过渡的真正的成年礼，这也是一种神话（*upanitesu gosu*），line 3667（=76, line 2）。

[82] 同时它也是一种净化仪式。这样，他就把自己从一切罪孽中解救出来（line 3673=reading 76, line 8）。

[83] Samanga（四肢俱全），Bahula（健壮胖硕），line 3670（参见 line 6042，奶牛说："健壮胖硕，四肢俱全。你没有恐惧，你得到安慰，你是一个好朋友的朋友"）。史诗并没有忘记提醒这些都是吠陀和启示的名字。事实上，在《阿达婆吠陀》中也可以找到神圣的名字，参见 4, 18, lines 3, 4。

[84] 字面上来说，"作为你的给予者，我是我自己的给予者"。

[85] "［某人］采取的行动"：这个词完全等同于"采取"等。

[86] 该仪式规定，人们可以提供："芝麻蛋糕或腐臭黄油的奶

牛，以及黄金和白银形式的奶牛"。在这种情况下，它们被视为真正的奶牛，参见3528、3839。仪式，特别是与交易相关的仪式，则会更加精致。人们给这些奶牛起了一个仪式性的名字。其中之一的意思是"未来"[牛]。花在奶牛身上的时间，"奶牛的愿望"会变得更糟。

[87]*Ap. dh. su.*, 1, 17, 14; *Manu*, X, 86-95. 婆罗门可以出售尚未购买的东西。参见 *Ap. dh. su.*, 1, 19, 11。

[88]参见 Ch. 1, n. 37, p. 91, Ch. 2, n. 20, Melanesia, Polynesia; p. 99 below, n. 120, *Ap. dh. su.*, 1, 18, 1; *Gautama Dh. su.*, XVII, 3。

[89]参见 *Anuç.*, readings 93, 94。

[90]*Ap. dh. su.*, 1, 19, 13; 3, 其中引用了另一个婆罗门学派"坎瓦"（Kanva）。

[91]*Manu*, IV, p. 233.

[92]*Gautama dh. su.*, XVII, 6, 7. *Manu*, IV, 253. 婆罗门不能接受任何东西的人名单（*Gautama*, XVII, 17, 参见 *Manu*, IV, 215-17）。

[93]必须拒绝的事情清单，Ap., 1, 18; *Gautama*, XVII。参见 *Manu*, IV, 247-250。

[94]See the whole of reading 136 of the *Anuç.* 参见 *Manu*, IV,

p. 250; X, pp. 101, 102; *Ap. dh. su.*, 1, 18, 5-8; 14-15; *Gaut.*, VII, 4, 5。

[95] *Baud, dh. su.*, 11, 5, 8; IV, 2, 5: the recitation of the Taratsamandi = *Rg Veda*, IX, 58.

[96] "智者的精力和荣耀因他们接受（取、得）而减少。"王啊，你要防备那些不肯领受的人。（*Anuç.*, line 2164 = reading 35, line 34）

[97] *Gautama*, XVII, 19, 12 ff; *Ap.*, I, 17, 2. 赠予礼仪的公式，*Manu*, VII, p. 86。

[98] *Krodho hanti yad danam*, 'Anger kills the gift', *Anuç.*, 3638 = reading 75, line 16.

[99] *Ap.*, II, 6, 19; 参见 *Manu*, III, 5, 8, 用一种荒谬的神学解释：在这种情况下，"属于吃下主人的错误"。这一解释涉及法律对婆罗门的一般禁止，即禁止他们从事他们本不应该从事但偏偏从事的行为：成为"罪恶的食客"。在任何情况下，这意味着对任何缔约方而言，礼物都不会带来任何好处。

[100] 当人们在另一个世界再生时，他会带有他所接受的食物的提供者的性质，会带有腹中食物的出处的性质，或者是食物本身的性质。

[101] *Anuç.* 中的第 131 篇的题目正是 "*danadharma*"（布施

法），该篇成文的年代似乎较晚，它概括了有关的全部理论（第 3 节—6278）："什么礼物，给谁，什么时候，由谁所送。"它精辟地揭示了赠礼的五种动机：本分，当人们发自本心地布施给婆罗门时；利益（"他给了我，他给过我，他将会给我"）；畏惧（"我不归属于他，他也不归属于我，但他有可能加害于我"）；爱慕（"他珍重我，我也珍重他"，"他送我时毫不拖沓"）；慈悯（"他很贫苦，稍得即足"）。并见第 37 篇。

[102] 研究被给予的东西被净化的仪式也将是有益的，但显然也是一种将它与给予者分离的方式。将水洒在上面，铺上一片库萨草（for food, see *Gaut.*, V, 21, 18, 19, Ap., II, 9, 8）。参见净化债务之水，*Anuç.*, reading 69, line 21, and commentaries of Pratap（ad locum, p. 313）。

[103] Line 5834；见上文，n. 73。

[104] 在相当晚近的时候，才能借助一些纪念物而获知相关事实。《埃达》的创作时间，比斯堪的纳维亚人皈依基督教要晚得多。但是，首先，传统的时代可能与其构成的时代大不相同；其次，即使是已知时间最长的传统形式的时代也可能与制度的时代大不相同。这是两条始终不可忽略的批评的原则。

在这种情况下，使用这些事实是没有危险的。在我们所描述的律法中占据如此突出位置的一部分礼物是我们拥有证据的首批日耳曼机制之一。正是塔西佗（Tacitus）自己为我们描述了两种赠予：通过婚姻获得的彩礼，以及这些彩礼如何回到送礼者的家庭（*Germania*, XVIII, 章节篇幅简短，似乎可以回头对其加以讨论）；和高贵的礼物，尤其是首领的礼物，或是给首领的礼物（*Germania*, XV）。此外，如果这些习俗保存的时间足够长，使我们能够发现这些痕迹，那是因为它们有坚实的基础，并在日耳曼文字中扎根。

[105] 参见 Schrader and the references he indicates：*Reallexikon der indogermanischen Altertumskunde*, under the headings：*Marki*, and Kauf。

[106] 我们知道，德语词"商贩"（*Kauf*）一词及其派生词来自拉丁语单词"商人"（*caupo*）。众所周知，某些单词如"借贷"（*leihen*）、"支付"（*lehnen*）、"工资"（*Lohn*）、"担保"（*bürgen*）、"放债"（*borgen*）等含义存在不确定性，这表明相关表述的出现时代较晚。

[107] 我们不会在这里提出"封闭经济"（*geschlossene Hauswirtschaft*）的问题。参见 Bühler, *Entstehung der Volkswirtschaft*。在我们看来，这个问题解释得很糟糕。一旦两个氏族在同一社会共存，就必须在一年中的某些时间和某些特殊场合，不仅在他们的妇女（异族通婚）和他们的仪式之间，而且

在他们的货物之间达成契约,进行交换。在剩下的时间里,这些规模通常很小的家庭,过着与世隔绝的生活。但从来都不是一成不变地永远这样生活。

[108] 在克鲁格(Kluge)和其他人编撰的日耳曼语言的词源词典中可以看到这些词。参见 Von Amira on *Abgabe*, *Ausgabe*, *Morgengabe* [Handbuch of Hermann Paul (pages cited in the Index)]。

[109] 有关这一问题的最出色的著作还是 J. Grimm, Schenken 和 Geben, *Kleine Schriften*, II. p. 174; Brunner, *Deutsche Rechtsbegriffe besch. Eigentum*。有关"Bete"(求得物)即是"Gabe"(赠品),见 Grimm, *Deutsche Rechtsalterthümer*, I, p. 246, p. 297。假设可以收到礼物而不用做义务性的回礼是没有意义的。礼物总归是这两种,而在日耳曼法中,礼物的这两方面特色总是整合在一起的。

[110] 'Zur Geschichte des Schenkens', Steinhausen, *Zeitschrift fur Kulturgeschichte*, see p. 18 ff.

[111] 参见 Em. Meyer, *Deutsche Volkskunde*, pp. 115, 168, 181, 183, etc.。关于这个问题,可以查阅所有关于日耳曼民俗的教科书(Wuttke, etc)。

[112] 在这里,我们找到了范奥森布鲁根(Van Ossenbruggen)

提出的关于彩礼的巫术和法律性质的问题的另一个答案（参见Ch. 1, n. 58, p. 94）。关于这一点，请参见摩洛哥为已婚夫妇提供的各种物品之间关系的卓越理论，以及由他们提供的赠予，参见 Westermarck, *Marriage ceremonies in Morocco*, p. 361 ff., 及其参考文献。

[113]在接下来的内容中，我们不会将担保与"定金"混淆，尽管后者起源于闪米特语（正如希腊语和拉丁语中的名称所示），且出现在最近的日耳曼法及法国法当中。在某些用法中，其甚至与古代的赠予相混淆。例如，在某些奥地利蒂罗尔方言中，"定金"（Handgeld）就被说成了 harren。

我们也忽略了保证概念在婚姻方面的重要性。我们只注意到，在日耳曼方言中，"购买价格"有 Pfand、Wetten、Trugge 和 Ehethaler 等不同的表述方式。

[114]*Année Sociologique* 12: 29 ff. 参见 Kovalewski, 'Coutume contemporaine et loi ancienne', p. 111 ff。

[115]日耳曼法中的保证，可参见：Thévenin, 'Contribution à l'étude du droit germanique', *Nouvelle Revue Historique du Droit*, IV: 72; Grimm, *Deutsche Rechtsalt.*, I, pp. 209-13; Von Amira, *Obligationen-Recht*; Von Amira, in *Handbuch*, Hermann Paul, I, pp. 248, 254. On the *wadiatio*, 参见 Davy, *Année Sociologique* 12:

522 ff。

[116] Huvelin, p. 31.

[117] Brissaud（1904）*Manuel d'Histoire du Droit français*, p. 1381.

[118] Huvelin, p. 31, n. 4 将这一事实解读为完全是由于原始巫术仪式的退化，可能已经成为一个纯粹的道德主题。但这一解释是片面的、无用的，无法排除我们提出的解释（参见 Ch. 2, n. 146, p. 114）。

[119] 关于"赌注"（*Wette*）和"婚礼"这两个词之间的关系，可以稍后再行讨论。赌注和契约的双重模糊性甚至在法语中也显而易见（参见 *Fr. se défier*, and *défier*）。

[120] Huvelin, p. 36, n. 4.

[121] "羊茅记事"（*festuca notata*），参见 Heusler, *Institutionen*, I., p. 76 ff.；Huvelin, p. 33，在我们看来，似乎忽视了"符木"的使用。

[122] *Gift, gift. Mélanges Charles Andler, Strasbourg*, 1924. 有人问我们为什么不研究赠予/礼物（*gift*）这个词的词源，实际上，其是拉丁语"药剂/毒药"（*dosis*）及其希腊文写法的转译。这个词源假定，上德意志地区和下德意志地区的方言会保留一个常用事物的学名。而这并非一般语义学的规律。此外，我们还

需要解释这个翻译中 *gift* 这个词的选择,以及在某些日耳曼语言中,*gift* 这个词的意义上存在的逆向语言禁忌。最后,拉丁语,尤其是希腊语对"毒"一词的使用,证明了古人也有我们所描述的那种思想和道德规则的联系。

我们认为,*gift* 的不确定含义与拉丁语单词"毒液"(*venenum*)类似,除此之外,类似的概念还包括 *venia*,*venus*,*venenum*,均出自 *vanati*(梵语"给予快乐"),以及 *gewinnen*(赢得胜利)(Bréal, *Mélanges de la société linguistique*, vol. 3, p. 410)。

在此,还需要订正一处引用错误。奥卢斯·盖卢斯(Aulus Gellus)确实说过这些话,但引用的并不是荷马的话(*Odyssey*, IV, p. 226):法学家盖尤斯本人在其关于《十二铜表法》的书中如是说(*Digesta*, L, XVI, De verb. *signif*., 236)。

[123] *Reginsmal*, 7. 众神杀死了赫雷德玛的儿子奥特(Otr)。他们被迫用堆积如山的黄金覆盖奥特的身体,以救赎自己。但是洛基诅咒这些金子,赫雷德玛在引用的诗节中回答。我们把这一事实归功于莫里斯·卡恩,他在第三行中指出,"善良的心"是经典翻译,但 *af heilom hug* 的真正含义是:"以一种带来好运的心态"。

[124] 由休伯特撰写的题为《高卢酋长的自杀》('Le Suicide

du chef Gaulois'）的研究成果即将发表在《凯尔特评论》（*Revue Celtique*）杂志上。

[125]传统中国有关不动产的法律，如日耳曼法和古代法国法一样，既承认"活卖"（the 'buy-back' form of sale）的销售形式，亲属（有着非常广泛的定义）所拥有的权利，即回购已出售但不应从遗产中转让的不动产，即所谓的"收回本族"（hereditary withdrawal）。参见 Hoang（1897）（*Variétés sinologiques*），*Notions techniques sur la propriété en Chine*, pp. 8, 9。但我们并不过分依赖这一事实：在人类历史上，特别是在中国，土地出售的出现是非常近代的事情。正是在罗马法之前，以及在古老的日耳曼和法国法律体系中，由于家庭财物公有以及家庭对土地和土地对家庭的深刻依附，土地买卖受到了诸多限制，这一点证明起来太容易了。由于家是家园和土地，土地不受法律和资本经济的约束十分正常。事实上，与"宅地"相关的新旧法律以及最近法国关于"不受侵犯的家庭财物"的法律，便是对古代做法的延续和回归。

[126]参见 Hoang, ibid, pp. 10, 109, 133。我把这些事实归功于梅斯特（Mestre）和格兰特（Granet），是他们自己在中国发现了这些事实。

[127]*Origin and Development of Moral Ideas*, vol. 1, p. 594. 韦斯特

马克意识到了我们正在处理的问题,但只是从待客之道的角度来对其加以处理。然而,有必要阅读他关于摩洛哥人一种约束恳求者的祭品习俗(*Dar*)以及"神和食物会给他报答"之原则(表达方式与印度教法律中的表达方式完全相同)的非常重要的评论。参见 Westermarck,*Marriage Ceremonies in Morocco*,p. 365;参见 *Anthr. Ess. E. B. Tylor*, p. 373 ff。

第四章

结 论

一、
道德结论

将上述观察结果延展到我们自己生活的这个社会，亦为可行。人类道德与生活中的相当一部分，至今仍然充斥着同样的赠予氛围，义务和自由交织在一起。值得庆幸的是，还没有发展到一切均是买卖的程度。事物仍然具备情感价值和金钱价值，当然，前提是存在单纯的价值形态。我们拥有的可不仅仅是生意经。现在仍然有人乃至特定的阶层群体恪守传统道德，事实上我们每个人，至少在一年中的某些时候或某些场合，都会对传统习俗行礼如仪。

未能回赠，会让接受礼物的一方低人一等，如果接受赠予时就根本没有想过回礼，性质就会变得更为恶劣。

想想爱默生所撰写的奇文《论礼物》，就会意识到我们仍然处于日耳曼式道德的统治之下。[1] 施舍对接受者来说仍然意味着伤害[2]，人类道德的整个趋势，便是努力消除富有的施主无心但有害的恩典。

出于礼貌，有邀请则必须回请。令人惊讶的是，从中可以发现古典的、传统的，即传统贵族式的"波特拉奇"的道德痕迹。同时显露端倪的，还包括人类活动的基本动机：同性个体之间的相互竞争[3]，即所谓人类的"基本帝国主义"（Basic Imperialism）。一方面是社会基础，另一方面则是动物属性和心理基础。在人类社会生活所建构的独立存在中，"不能甘居人后"这句话依旧适用。滴水之恩，自当涌泉相报。回敬的酒杯，自然越满越好，越大越佳。我童年时代生活在洛林的一个农村家族，虽然平时克勤克俭，却会为了招待圣徒节日（Saints Days）、婚丧嫁娶的来客而大肆挥霍。在这种情况下，人们必须扮演"豪奢大款"的角色。甚至可以说，我们当中就有一部分人，经常在宴客节庆和新年赠礼时挥金如土。

来而不往非礼也。即使在我们所生活的这个自由社会，这仍然算是一种习俗。大约半个世纪之前，甚至直到晚近，在法国和德国的某些地区，整个村庄的邻人都会前来参加婚礼的早餐会。如果有人缺席，将被视为恶兆，带着不祥的预感、嫉妒的证据，以及厄运的迹象。在法国，相当多的地方，每个人都会参加这样的仪式。在普罗旺斯，每逢孩子出生，人人都会送来一枚鸡蛋和其他象征性的礼物。

售出的东西灵魂不灭。据此，此前的主人可以追寻物品的流转，而这些物品也与自己的主人如影相随。在位于孚日山谷的科尼蒙特，曾几何时，曾经盛行过一种风俗，而在当下依然于某些家族中依稀可见：为了让被买来的动物忘记以前的主人，不再想回"家"，新买家往往会在马厩门的门楣上画上一个十字架，仍将卖主的缰绳系在动物身上，并投之以盐饲喂。在朗奥布瓦的做法则是，新主人手持一片抹有黄油的面包，在厨房绕着挂锅的铁钩绕上三圈，再用右手将其递给新购入的牲畜舔食。的确，这只适用于大牲畜，毕竟它被视为家族的一分子，而圈厩则是房屋的一部分。在法国，其他一些地方的习俗表明，必须要通过敲打出售的物品，如鞭打出售的绵羊等办法，确保出售的物品与卖家就此再无瓜葛。[4]

甚至可以说，法律的整体，即与工业家和生意人有关的部分，如今都与道德相悖。人们，尤其是生产者，对经济的偏见，源于其追踪自己所生产的东西的执念，源于一种强烈的感觉，即自己的产品在没有获得任何利润的情况下便被转售。

现今，上述传统原则与法律规范的严格性、抽象性和非人道性相抵触。从这个角度来看，可以说，我们的法律中有相当一部分刚刚出现的规定，带有某种习惯性，是对于过往做法的回归。这种针对罗马和撒克逊做法的不敏感，完全健康且不无根据。一些新的法律和习惯原则，可以据此加以解释。

承认艺术、文学和科学作品的权属，而非简单粗暴地出售手稿、原型机具或艺术作品的手稿，需要相当长的一段时间。事实上，社会虽然承认作家或发明家对人类的贡献，但对承认其继承人拥有这些权利主体所创造的物品的某些权利却并不十分感冒。人们更喜欢认为，这些创造是集体智慧的结晶，而非个人思维的产物。每个人都希望其尽快进入公共领域或参与财富的普遍流通。然而，绘画、雕塑和艺术品的创作者或其直接继承人借此大肆攫取附加价值的丑闻,却促使法国于1923年9月通过立法,赋予艺术家及其继承人从相关作品后续销售过程中的增值部分中分得一杯羹。[5]

我们的所有社会保险立法,作为一项已经实现的国家社会主义,受到以下原则的启发:工人一方面把生命和劳动献给了集体,另一方面又把劳动献给了雇主。虽然工人必须缴纳保险费用,但从工人提供的劳动中受益的人却不能仅仅通过支付工资便万事大吉。代表社群共同体的国家、雇主也需要对工人的生活承担起安全保障责任,以应对失业、疾病、衰老和死亡等问题。

即使是最近出现的一些讨巧做法,例如,法国实业家为承担家族义务的工人利益积极自行开发的家族援助基金,也代表了对这种需要的自发应对,即与工人个体建立联系,考虑他们必须面对的负担,以及这些负担所代表的不同程度的物质和精神利益。[6]类似机构在德国和比利时开展业务,同样取得了成功。在英国,正在爆发影响数百万工人的旷日持久的可怕失业浪潮,但与此同时,一场由公司组织的强制失业保险运动正在兴起。对于给予仅仅因为工业生产和市场状况出现的失业者所需要的巨额资助,市政当局和国家早已不胜其烦。因此,杰出的经济学家和行业领袖,比如庇布斯(Pybus)先生和林登·马加西爵士(Sir Lynden Macassey),敦促企业通过行会组织、管理失业基金,强调企业自身要有所牺牲。简言之,他们希望将工人的安全保障以及失业保险费用纳入各个行业的一般性开支。

我们认为,上述道德和立法并不能算作一种法律动荡,而属于一种法律的回归。[7]一方面,人们正在见证职业道德和公司法的曙光照进现实。从纯道德的角度来看,行业团体为了资助企业慈善事业而设立的补偿基金和互助协会完全值得钦佩,但有一点除外:完全由雇主管理。此外,采取行动的是一些团体:国家、市政当局、公共援助机构、养老基金、储蓄银行、互助协会、雇主和工薪阶层。例如,根据德国和阿尔萨斯洛林的现行社会立法,上述团体联合在一起。很快在法国社会保障计划中就会出现类似的联结。因此,我们又回到了群体道德的问题。

另一方面,国家及其各级组织希望照顾个体的福祉。社会正在寻求重新发现自身的结构构造。社会确实希望照顾到个体。然而,这样做的初衷,却十分奇怪地混合着对个人权利的认知和其他更为纯粹的情感：乐善好施、社会劳务和团结合作。赠予的主题、其中固有的自由和义务、相关的慷慨和私利，作为长期被遗忘的主导命题，重新出现在法国社会生活之中。

但仅仅注意到事实是不够的。人们必须能够从中推断出实践和道德准则。仅仅提出法律正在摆脱的一些抽象概念，例如不动产法和属人法之间的区别，或者意图旨在给冷酷无情的销售与劳务报酬立法以增加其他权利，都仍然不足。毋庸讳言，这是一场有价值的革命。

首先，我们必须回归上面提到的"豪奢大款"的习俗。正如在盎格鲁-撒克逊以及其他或野蛮或文明的当代社会中所发生的那样，富人必须重新主动，或者被迫将自己视为其他同胞的经济靠山。在作为人类文明起源的若干古代文明形态中，出现了诸如"禧年债务免除"*，

---

* "禧年债务免除"（Debtors' Jubilee），禧年预表人和土地得到释放与救赎，正如耶稣来到世上第一篇讲道所引用的经文所宣示："主的灵在我身上，因为他用膏膏我，叫我传福音给贫穷的人；差遣我报告：被掳的得释放，瞎眼的得看见，叫那受压制的得自由，报告神悦纳人的禧年。"（《路加福音》4：18-19）在安息年期间，土地需要休养，所有农业活动在法律上都是被禁止的。安息年还影响债务和借贷问题。当安息年结束时，个人债务被视为无效并将被豁免。——译注

以及"摊派税"*"音乐役"**"富人税"***"聚餐会食"（Syussitia），以及给市政官和参政者支付薪酬的义务性支出。我们应该重新采用类似立法。然后必须更多地关心个体，关心其生活、健康、教育（这项投资尤为见效）、家族和未来。在涉及雇佣劳动力、房屋出租、食品销售的契约当中，必须展现出更大的诚意、同情与慷慨。此外，确实有必要寻找办法以限制投机和借贷的回报。

然而，社会个体必须从事劳动。他应该依靠自己而不是别人。另外，社会个体必须捍卫自身的利益，无论是个人利益还是团体利益。过度慷慨，或者说奉行共产主义，会像我们这个时代盛行的利己主义以及我们律法中的个人主义一样，于个体乃至社会无益。在《摩诃婆罗多》中，一个恶毒的森林精灵对一个头脑发热、过度施舍的婆罗门解释："这就是你消瘦而苍白的原因。"僧侣抑或《威尼斯商人》中夏洛克式的贪婪生活，同样都

---

* "摊派税"（Liturgies of Duty），古希腊向富人摊派的一种特别税赋。——译注

** "音乐役"（Choregies），古希腊戏剧音乐比赛时，富人有被推选出来花钱组织合唱队的职责。——译注

*** "富人税"（Trierarchies），古希腊富人出钱装备三层战船的制度。——译注

应避免。这种新的道德，无疑将包括现实与理想良好但适度的融合。

因此，我们可以而且必须回到古代社会，以及其中所包括的元素。我们将从中找到在某些社会和众多社会阶层中依旧盛行的生活和行动的原因：赠予所带来的乐趣，在艺术、招待、私人和公共节日上倾囊以待的自得。社会保障、互惠合作所产生的关怀，以及英国法律中被冠以"互助会"（Friendly Societies）之名的所有法律实体给予职业群体的关怀，都比贵族给予其佃农的个人保障更具价值，比每天依靠雇主发放的日结工资才能维持的清苦生活要更加滋润，甚至比仅仅建立在不断变化的信贷形式上的资本主义储蓄更加合理。

甚至可以设想一下信奉上述原则的社会将会是什么样子。在人类各大族群的自由职业当中，在某种程度下，这种道德和经济得到了蓬勃发展。对他们来说，名誉、无私、团结不再是空话，也不违背工作的需要。其他职业群体也应如此这般人性化，并进一步对其加以完善。正如涂尔干一贯倡导的那样，这将代表巨大的进步。

以我之见，如此一来，人类必将回归长久以来的法律基础，回到正常社会生活的原则上来。不能期望公民大公无私或者个人主义，也不能认为其要么麻木不仁要么太过现实。公民必须对自己、他人和社会现实具备敏锐的意识——在道德问题上，难道还存在其他的现实状况么？——必须考虑到自己的利益，以及社会及其族群的利益。这种道德是永恒的；对于最先进的社会形态，对于未来将要出现的社会形态，对于可以想象的最低级的社会形态来说，情况皆是如此。我们触及了问题的根本，我们讨论的不再是法律术语，我们讨论的是个人和群体，因为正是他们，正是社会，正是孕育于思想和血肉中的人类情感，随时都在行动，随处都在行动。

下面，就对此加以阐明。我们提议称之为"全体提供"的机制，从一个宗族到另一个宗族，即个人和团体相互交换一切的制度，构成了我们可以找到或可以设想的最古老的经济和法律制度。而这成为通过赠予交换的道德基础。现在，这正是我们希望看到我们自己的社会朝着这样一种法律发展的适当速率。为了让人们更好理解距今十分久远的法律，下面仅举两例，均借鉴自极为不同的社会形态。

在澳大利亚昆士兰中西部的松山[8]举行的"歌舞祭"（Corroboree）中，参与的土著依次进入圣地，一手拿着长矛，另一手放在背后。他从舞蹈区另一端的圆圈里掷出武器，同时喊出自己的出生地，例如："昆岩（Kunyan）是我的故乡。"[9]然后，他将稍作停留，在此期间，他的朋友们"把礼物、长矛、飞去来器或其他武器放在他的另一只手上"。因此，一个优秀的勇士，得到的礼物可能会多到根本拿不动，特别是如果他有女儿深闺待嫁的话。[10]

苏族部落温尼贝戈人（Winnebago）的首领通常会向来自其他部落的族长发表演讲[11]，而这些部落作为上述礼仪的典范[12]，广泛存在于北美的所有印第安文明中。在氏族节庆期间，每个氏族都为其他部落的代表烹饪食物和准备烟草。例如，下面便是"蛇族"首领的演讲摘录[13]：

> 向您问好。很好。还能怎么样呢？我是个可怜虫，一文不值，亏您还记得我。很好……各位心中都有神灵，才会和我共坐一处……很快各位的盘子就会装满食物。所以，再次向各位致意，你们就是神灵的代表，云云。

首领们进食后，把烟草祭品投入火中，最后的致辞，主要说明节庆的道德效果，感谢所提供的一切：

> 谢谢各位前来并就座，十分感谢。您的到来使我备受鼓舞……各位的先祖接受天启（而您就是神灵的化身），等同神灵。很高兴各位前来共襄盛典。正如我们的祖先所说，这一定是："你的生命是脆弱的，只有勇敢者的忠告才能使你坚强。"感谢您所赐予的忠告……对我而言这不啻于生命再造。

因此，从人类进化的一端到另一端，并不存在两种截然不同的智慧之路。因此，我们在生活中所采取的原则其实都是一些由来已久的原则，并将在未来一以贯之：走出小我，学会舍得，无论是自发，还是被迫。这一点千真万确。恰如毛利人的精妙谚语：

> Ko Maru kai atu
> Ko Maru kai mai
> ka ngohe ngohe。

"送取相宜，一切顺意。"[14]

二、

经济社会学和政治经济学结论

　　这些事实不仅启发了我们的道德，而且有助于指导我们的理念。据此，我们可以更好地分析最为普遍的经济事实，甚至这种分析也可以帮助我们模糊地感知更优地适用于人类社会的组织程序。 72

　　我们多次亲眼见证，通过交换建构起来的整个经济体系，远远超出了所谓的自然经济，即功利主义的范围。前述族群的经济生活中所有这些非常可观的现象（必须说，请牢牢记住，它们恰如其分地代表了伟大的新石器时代文明），以及在接近我们自己的社会或我们自己的习俗中这些传统的所有的重要遗迹，都不属于那些希望比较各种已知经济体的少数经济学家通常提出的方案。[15] 因此，虽然马林诺夫斯基的研究已经为"颠覆"原始经济的通说观点做出了贡献[16]，但本书依然需要在此重复类似的观察。

从这一点出发，存在一个非常坚实的事实链条：价值观念在这些社会中发挥作用。就绝对价值而言，积累了大量盈余。相关消费往往并不追求实质目标，单纯为了奢侈地将其消耗一空[17]，显然这绝不是商业行为。这些都是财富的标志，各种各样的货币彼此交换。然而，这个非常富裕的经济体仍然充满了宗教因素。金钱仍然拥有魔力，仍然与家族或个人联系在一起。[18] 各种经济活动，例如市场交换，充斥着仪式和神话。[19] 上述活动保留了强制性和有效性的礼仪特征，充满着仪式和权利。[20] 在此方面，我们已经可以回答涂尔干提出的关于经济价值概念的宗教起源的问题。[21] 上述事实还回答了一系列涉及被不恰当地称为交换、易物、有用事物的"改变"[22] 的形式和原因的大量问题，另外，亚里士多德[23] 之后的拉丁学者关于所谓分工起源的历史经济等问题，也能够从这些事实中觅得答案。事实上，在各种各样的社会中流通的不是效用，而是其他东西，其中大多数已经一见即明。

由于契约所产生的诸多不同关系，家族、世代和性别通常处于一种永久的经济沸腾状态，这种兴奋状态远非物质主义。它远没有我们买卖交易、雇佣劳力或在证券投机时所从事的把戏那般平淡无奇。

然而，我们可以更进一步，将我们所使用的主要概念分解、杂糅、润色和定义。我们使用的"礼物"和"赠予"等术语本身并不完全准确。然而，我们找不到其他可供替代的表达方式。相比之下我们乐于使用的法律和经济学概念：自由和义务；储存、孳息和效用；以及慷慨、大度和奢侈——也最好再次回炉加以调整。在这个问题上，我们只能给出最细微的暗示。例如，我们不妨选择特罗布里恩群岛加以说明。[24] 其中，仍然存在一个复杂的概念，催生出我们所描述的所有经济行为。然而，这一概念既不是指免费、纯粹无偿地全体提供，也不是指纯粹对有用的东西感兴趣的生产和交换。这是一种得到蓬勃发展的杂糅概念。

从是否追求私利的角度，马林诺夫斯基曾非常严肃认真地对他在特罗布里恩群岛居民中发现的所有交易进行分类。[25] 他区分了纯粹的赠予与发生在讨价还价之后的纯粹易货。[26] 这种分类实际上不适用。因此，根据马林诺夫斯基的说法，纯粹赠予这一类型应该专指丈夫和妻子之间的礼物交换。[27] 但是，在我们看来，马林诺夫斯基所报道的最重要的事实之一，也是对全人类所有性关系都有深刻影响的事实之一，就是将"玛普拉"[28]（男人向妻子支付的"固定"报酬）作为一种提供性服务的对价。[29] 同样，给首领的礼物属于贡品；食物分配（"萨迦力"）则是对劳动或参与仪式（例如在葬礼中守夜）的奖励。[30] 总之，这些礼物不是免费赠送的，自然也不是真正无私的。在很大程度上，这种做法代表着回赠，不仅是为了支付劳务或物品的费用，还可能是为了维持有利可图的互惠关系[31]或者无法拒绝的同盟关系。渔业部落[32]与农业或制陶部落之间的联盟就属于此类。这种事实相当普遍。例如，我们在毛利人和齐姆希安人生活的地区就曾发现过此类情况。[33] 因此，我们可以看到这种力量作用的地点。这种力量既神秘又实用，把部族联系在一起，同时又把他们分开，区分彼此的劳动成果，同时又限制其进行交换。即使在这些社会中，个人和群体，或者更确切地说是某些下位群体，始终认为他们有拒绝契约的主体权利。正是这一点给这种商品流通打上了慷慨的烙印。另外,他们通常既没有权利也没有兴趣拒绝。正是这一点,把那些偏远的社会与我们自己的社会联系在一起。

货币的使用可能会引发其他思考。特罗布里恩人的"伐乙古阿"、臂镯和项链,就像美洲西北部原住民的铜器或易洛魁人的"旺普带"(Wampun)* 一样,都是财富的象征[34]、交换和支付的手段,但也是必须给予甚至毁灭的东西。然而,这些承诺仍然与使用这些承诺的人有关,承诺对他们具有约束力。另外,由于已经成为货币的象征,人们有兴趣将其赠予他人,以便通过将其转化为商品或劳务而从中获利,反过来,这些物品或劳务又可以转化为货币。有人可能会说,"特罗布里恩人"或"齐姆希安人"虽然与资本主义相距甚远,但他们的行为就像资本家一样,知道如何在正确的时间处置手中的现金,以便在日后重建这种流动的资本形式。私利和无私同样解释了这种形式的财富循环样态,以及随之出现的财富符号的原始流转形式。

---

* "旺普带",生活在北美太平洋沿岸的印第安人利用贝壳制成的腰带,具有装饰功能,但主要被用来作为交易时的一般等价物。——译注

即使是纯粹的财富毁灭,也并不意味着在对待财富时存在完全超然的态度。即使出手大方,也并非绝对拒绝利己主义。纯粹奢侈的消费形式几乎总是极尽夸张,而且往往就是纯粹的破坏。在这种消费形式当中,花费了很长时间才积累起来的商品突然被丢弃,甚至被摧毁,特别是所谓"波特拉奇"[35],让该机制看起来纯粹是无度的消费和幼稚的挥霍。实际上,在现实中,不仅有用的东西被赠予他人,丰富的食物被过度浪费,人们甚至为了满足毁灭的乐趣而大肆毁损财物。例如,齐姆希安人、特林吉特人和海达人的首领将铜制物品和货币扔进水中。克瓦基乌特人的首领则将上述财物砸成碎片,与其结盟的其他部落毁坏财物的做法大同小异。但是,财富的大肆赠予和疯狂消费,绝对不是出于毫无自私的动因,在推行"波特拉奇"的社会中,情况尤为如此。首领与附庸,附庸与属民之间,通过赠予建立起了等级制度。施舍是为了显示自己的胜人一筹、高高在上的主子地位。接受赠予而不予回报,或不给予更多回报,就是自认低人一等、受人庇护、渺小卑微。

被称为"姆瓦西拉"(*mwasila*)[36]的库拉巫术仪式充

满了公式和符号,表明潜在的缔约方首先寻求的社会优势地位——几乎可以说是野蛮的优越性。因此,在他们将要与对方一起进食的槟榔上施咒之后,还需要对首领、随从、他们的猪、项链、头部以及上面的腔孔,再加上所有带到那里的东西(如"帕里"、见面礼等)施咒。之后,巫术师不无夸张地吟唱道[37]:

> 我将用脚踢山,山就移动了,山就翻滚了,山就开始它的仪式活动了,山就喝彩了,山就倒塌了,山就被降伏了!我的咒语将达到多布山之巅,我的咒语将穿透我的独木舟。我的独木舟的船体将会沉默;我独木舟的筏子会浸到水底。我的名声如雷,我的足音如飞行之巫的咆哮。

万物初始,人们追求的,以及最后力争实现的,是成为最英俊、最幸运、最强壮、最富有的人。后来,首领通过将其刚刚得到的财物重新分配给臣民和亲属来充实自己的脸面。他还会通过用昂贵的臂镯作为廉价项链的回礼、热情接待来访的宾客等方式来维持自己在首领群体中的地位。在这种情况下,从各个角度来看,财富既是保持威望的一种手段,也是一种有用的东西。然而,我们是否确信,在我们自己所生活的这个社会中,财富有什么不同?即使在我们身边,财富不也首先是支配他人的手段么?

现在来检验一下上面提到的与赠予和无私相对应的另一个概念:利益,即个人的功利追求。这一概念同样因为仅仅在我们自己的头脑中发挥作用,故而并不会自行彰显。如果说某种类似的动因,曾促使特罗布里安人或北美印第安部落、安达曼群岛上的部族,以及印度社会、日耳曼人、凯尔特人中的显贵们慷慨赠予、一掷千金,但其显然不再是出于当代商人、银行家和资本家的冷酷理性。在上述原始文明中,人们关心自己的利益,但方式与我们这个时代不同。原住民囤积财富,但目的是消费,为了承担义务,为了拥有忠于自己的"顺民"。另外,他们进行交换,但其中最重要的交换对象还是奢侈品、装饰品或衣服,以及在饮宴活动中能够立即消费的东西。他们还会偿还利息,但目的是羞辱先前的赠予者或交换方,而不仅仅是为了补偿因"延迟消费"给其造成的损失。需要注意,这种利益,只与所谓影响我们的动因类似。

一方面,一些次群体中存在着相对无形且无私的经济体系，并主导着澳大利亚或北美（东部和大草原）原住民部落氏族的生活；另一方面，也存在着个人主义和纯粹利己主义的经济，我们自己的社会至少在某种程度上便贯彻着这种自闪米特和希腊时代就已施行的交换机制。二者之间，存在着一系列完整且高度细分的经济机制和经济事件，且并不受我们习惯鼓吹的经济理性主义理论的支配。

"利益"这个词语本身，也是晚近才出现的概念，最初指代一种会计术语：拉丁文中的"interest"一词，原指写在账簿上的有待收取的利润总额。在强调享乐主义的古代道德体系中，应予追求的是美好和愉悦，而不是物质效用。直到理性主义和重商主义占据上风之后，利益和个人的概念，才上升到原则的层次。人们几乎可以将个人利益观念的胜利，追溯到曼德维尔*的《蜜蜂的寓言》（*The Fable of the Bees*）。需要经过极为困难的千折百转的解释，才能将个人利益翻译成拉丁语、希腊语或阿拉伯语。熟知古梵文的人所使用的"利"（artha）这个词，虽然意义非常接近"个人利益"，但他们对这一概念，和对其他类型

---

* 伯纳德·曼德维尔（Bernard Mandeville，1670—1733），英国哲学家、古典经济学家。——译注

行为的理解一样，与我们的理解不同。印度的经典圣书将人类活动分为如下几类："法"（dharma）、"利""欲"（kama）。但最重要的是，这是国王和婆罗门、大臣乃至国家及各个种姓的政治利益问题。像《正道精华》（*Niticastra*）这样一部重要的文献居然都与经济学无关。

正是西方社会，才使人类沦为"经济动物"。但我们还没有完全成为这副模样。在我们所生活的这个社会的大众和精英阶层中间，纯粹不合理的支出依旧普遍存在，这种做法仍然是贵族阶层的顽固陋习之一。经济人不在我们身后，而是在我们前方，道德人、责任人、科学人、和理性人概莫如此。在过去的漫长岁月当中，人都是一种存在异质性的存在。人的物化，成为复杂的计算机器，只是晚近才出现的状况。

此外，令人高兴的是，我们仍然在某种程度上远离了这种持续的、冰冷的、功利的计算。我们需要进行深入的统计分析，就像哈布瓦赫*针对工人阶级所作的那样，凭借统计数据，对西方中产阶级自身的消费和支出

---

* 莫里斯·哈布瓦赫（Maurice Halbwachs, 1877—1945），法国历史学家、社会学家，师从涂尔干，开创了集体记忆理论。——译注

进行定量研究。我们能满足多大程度上的需求？我们有多少非功利目的的偏好无法得到满足？富人需要分配多少收入以满足个人的功利需要？他们在奢侈品、艺术品、匪夷所思的嗜好以及使奴唤婢方面的花费，难道不是非常类似于我们曾描述过的古代贵族或野蛮首领的习俗吗？

这样做到底好不好，是另一个问题。除了纯粹的挥霍，还存在其他的支出或交换手段，这也许是件好事。然而，本书认为，在计算个人需求时，无法找到最佳的经济方法。我们认为，即使希望增加自身的财富，也必须避免成为纯粹的金融专家，抑或彻头彻尾的会计和经理。对个人目标的野蛮追求，有害于人类整体的追求和平和，有害于工作的节奏与生活的欢愉，结果反倒于个体有害无利。

正如我们刚才所看到的，重要的社会部门，甚至资本主义企业的协会本身，都寻求将被其雇佣的劳动力组织在一起。此外，所有的工联会组织，无论是雇主行会还是劳工工会，都声称自己将会像捍卫成员个人甚至企业利益那样，捍卫并代表公共利益。诚然，这些高调言论华而不实。然而，我们必须指出，不仅道德和哲学，甚至舆论和政治经济学本身，都开始将自己提升到这个"社会"层面。我们意识到，如果不能让人相信这辈子为他人和自己尽心工作能换得公平的报酬，就根本无法令人好好工作。人们一直都有这种感觉，只不过这一次更加敏锐，这便是生产者进行交换的不仅仅是花费工作时间制造出来的产品，还是在奉献自己的其他一些东西：时间，乃至生命。因此，他希望得到公平的报酬，即使只是适度的补偿与赠予。拒绝对其加以奖励，只能导致消极怠工或效率低下。

也许我们可以提出一个既有社会学意义又有实践意义的结论。《古兰经》中非常著名的第六十四章"相欺"（台昂卜尼），讲述的是穆罕默德在麦加所受的启示。真主有言：

> 15. 你们的财物和子嗣，只是一种考验，真主那里有重大的报酬。

> 16. 你们当量力地敬畏真主，你们当听从他的教训和命令，你们当施舍，那是有益于你们自己的。能戒除自身的贪吝者，确是成功的。

> 17. 如果你们以善债借给真主，他将加倍偿还

你们,而且赦宥你们。真主是善报的,是至容的。

18. 他是全知幽明的,是万能的,是至睿的。

请用社会和职业群体的名称代替安拉(如果您是宗教信徒,也可将其赘列于真主之后),请将施舍的概念替换为合作、代劳或赠予。这样一来,就会更好地了解目前正待涅槃重生的经济形态。我们看到,其已经在某些经济群体与劳苦大众心中发挥作用,而普通人往往比他们的领导者更加清楚个人利益和共同利益。

也许通过研究上述社会生活中这些隐秘模糊的方面,我们能够为各民族在道德和经济方面选择必经之路时提供些许启示。

三、
关于社会学和道德的一般结论

在此,请允许我们就本书所采用的研究方法赘述几句。希望各位不要将本书的相关方法作为一种可供仿效的学术范式。我们给出的仅仅是若干简要的说明。内容还不够完整,分析仍有待深入。[38] 我们实际所做的,是向历史学家和民族志学家提出了一些问题,指明了若干需要探究的对象,而非解决问题或明确作答。就目前的情况而言,本书认为,只要确信沿着上述研究思路必将发现诸多事实,就已足够。

然而,之所以如此,是因为在这种处理问题的方式中,存在着一个我们想要提出的启发式原则。我们所研究的事实,如果可以用下列概念来表述的话,便是"全体社会事实"，或一般的社会事实，尽管我们不喜欢后者。也就是说，在某些情况下，其涉及社会及其机制（"波特拉奇"、部族之间的对抗、部落之间的互访等）的全体，而在其他情况下，特别是当这些交换和合意涉及个人时，则只涉及不同的机制。

所有这些现象同时具有法律性、经济性、宗教性，甚至美学和形态学等方面的特质。之所以具有法律性，是因为其涉及私法和公法，关乎在整个社会中组织、传播的道德规范；而其或者成为严格的义务，或者仅仅被作为赞扬或责备的借口；这些事实兼具政治性和家族性，与社会阶层以及宗族和家族有关。这属于严格意义上的宗教，涉及巫术、万物有灵论以及无处不在的宗教心态。之所以具有经济性，是因为一方面涉及价值观、效用观、私利观、奢侈观、财富观、商品的获取和积累观等所有这些领域，而另一方面则是消费观，甚至是为自身目的而刻意消费的观念——纯粹的奢侈；所有这些现象无处不在，尽管我们今天对它们的理解有所不同。此外，这些机制还存在一个重要的美学方面，但本书故意忽略了相关研究。然而依次进行的舞蹈，各种各样的咏唱游行，一处聚落又一处聚落的戏剧表演;制作、使用、装饰、擦拭、收集和传递的各种物品,所有被愉快地接受和成功地呈现的物品,每个人都参加的宴会;食物、物品和劳务,一切的一切,甚至像特林吉特人所说的"尊重",都源自审美,而不仅仅是道德秩序或与私利有关的情感的原因。[39] 这不仅适用于美拉尼西亚,更适用于北美西北部的"波特拉奇"体制,尤其适用于印欧世界的节日庆典及市场行为。[40] 最后,这些现象显然具有结构性。一般都发生在集会、集市和市场活动期间,或者至少在节日期间。所有这些节日都以集会为前提,其持续时间可以超过整整一季的社交聚会总和,就像克瓦基乌特人的冬季聚会,或者像美拉尼西亚人的航海探险那样,可能会持续数周。此外,必须存在道路或途径,以及可以安全运输人员的海洋湖泊,这就要求存在部落内、部落间乃至不同种族之间的同盟关系,而通商与通婚应运而生。[41]

因此,这不仅仅是一些简单的议题,不仅仅是机制的框架,不仅仅是复杂的制度,甚至不仅仅是被划分为宗教、法律、经济的制度体系。它们是完整的"实体",是我们试图描述的整个社会系统所承载的功用。我们观察的是一个动态或"鲜活"的社会，没有将其当作静止、固化的"死体"来研究。我们更没有将其分解为法律规则、神话、价值和价格。正是通过考虑整个实体，我们才能认识到什么是本质，一切运动的方式，鲜活的方面，社会或个人在情感上意识到自己以及与他人的关系的瞬间。在对社会生活的这种具体观察中，存在着发现新事实的手段，而我们对新事实的认识才初见端倪。在我们看来，没有什么比这项对全部社会事实的研究更紧迫、更富有成效的了。

这样做，可谓一举两得。首先，便是具有通用性的优点。这些与社会普遍运作有关的事实，可能比各种机制或与这些机制有关的各种主题更具普遍性，毕竟后者或多或少都带有地方色彩。但更为重要的是，这种研究具有实在性的优势。因此，人们成功地见识到了社会"事物"本身，洞悉其具体形式和本来面目。在社会中，一个人掌握的不仅仅是思想或规则，而是个人、群体及其不同的行为形式。我们关注相关运动，正如力学观察质量和系统，或者在海里看到章鱼和海葵一样。我们感知到为数众多的人、运动中的力，以及二者在环境和情感中的运动。

　　历史学家认为社会学家过于沉迷抽象,不适当地将社会的各种要素彼此割裂,这一批判无疑是正确的。我们必须像他们那样:观察既存的事实。现在,摆在我们面前的既定事实,便是罗马人、雅典人,普通的法国人、来自不同岛屿的美拉尼西亚人,而不是祈祷或法律本身。在注定将事物条分缕析、抽象解构之后,社会学必须努力地结构,即整体重建。唯此才能发现有益的事实。他们还将找到一种让心理学家满意的方法。后者强烈意识到自己的特权地位;特别是精神病理学家,他们笃信自己可以研究具体的问题。所有这些研究或应该观察的,都是整体的,而不是根据能力的不同分门别类的生命行为。我们必须对其加以参考。对具体的,即对完整性的研究,在社会学中是可能的,而且更吸引人,更具解释力。就本书而言,我们观察的是通过数字定义的作为复杂整体存在的人类群体的反应。我们观察的是作为有机体、有灵魂构成的人。同时,我们描述了这个群体的行为及其相应的精神状态:情绪、思想和群众的意志,或有组织的社会及其下位群体的意志。与此同时,我们也观察实体以及这些实体的反应，这些实体的想法和感受通常便是解释，偶尔也会出现对于相关动因的说明。社会学的原则和目的，就是从整体上认识整个群体及其行为。

我们现在还没有时间去试图理解我们所指出的所有事实的结构基础，毕竟，这就意味着过度扩展一个有限的主题。然而，至少作为一个例子，指出我们希望遵循的方法，以及我们将沿着什么路线进行这项研究，也许是有用的。

上面描述的所有社会类型，除我们自身所处的欧洲社会以外，都属于"环节社会"。即使是印欧社会，如《十二铜表法》之前的罗马社会、史诗《埃达》最终成书前的日耳曼社会，以及其主要文学创作开始前的爱尔兰社会，仍然以氏族，至少是大家族为基础，这些家族或多或少在内部形成了不可分割、在外部则彼此分离的群体。无论现在还是过去，所有这些社会类型，都与我们自己所处的统一状态相去甚远，更缺乏牵强附会的历史所赋予它们的统一性。此外，在这些群体中，个人，即使是具有强烈个性的少数例外，也没有现在的我们那么阴险、苛刻、吝啬和自私。至少在外部，他们比我们更慷慨，更容易付出。与神之间的友谊和契约法则是为了确保"市场"和集镇内的"和平"。这种情况往往出现在部落节庆仪式上，每逢此时，部族之间相互竞争，家族结成联盟，或开始彼此"赠予"。甚至在更为文明的社会，随着待客之道逐渐成形，也会出现这种情况。在相当长的一段时间里，在相当多的社会类型中，人们基于某种奇怪的心态，一种恐惧和夸大的敌意，以及一种同样被夸大的慷慨而相互接近，但或许仅仅在我们看来，这些特征才是疯狂的。在我们之前存在的所有社会，在我们周围仍然存在的某些社会，甚至在当今大众道德领域依旧活跃的许多习俗当中，都不存在所谓中庸之道：要么完全信任，要么彻底质疑；要么放下武器，放弃魔法，或者放弃一切，从短暂的款待到送出女儿和财物。正是在这种心态下，人们才放弃矜持，相互承诺给予并付出回报。

  这是因为他们别无选择。两组相遇的人群，要么形同陌路，要么直面以对，如果双方缺乏信任，则或者彼此挑战，或者协商谈判。距离现如今并不算太过久远的法律制度和经济发展阶段，人们总是选择与陌生人"交易"，即使这些陌生人已经与其结盟。在特罗布里恩群岛,基里维纳人告诉马林诺夫斯基:"多布人可不像我们这么好。他们很凶猛,是吃人者!当我们到多布时,我们怕他们,他们会杀死我们的。但是你看,我吐掉施过咒语的姜根,他们的心意就转变了。他们放下手中的长矛,他们好好地接待我们了。"[42]

最优秀的民族志学家之一图恩瓦统计了另一个美拉尼西亚部落的族谱[43],为我们描述了发生在该部落的一个特殊事件,也清楚地展示了这些人作为一个群体,是如何突然从节庆过渡到战斗的过程。首领布劳(Buleau)邀请了另一位首领博巴尔(Bobal)和他的部族参加宴会,而这很可能是一系列饮宴的首次活动。他们开始彻夜歌舞。第二天早上,所有人都因为失眠、跳舞和唱歌而血脉偾张。博巴尔的一位手下因为布劳的一句简单斥责便将其杀死。接下来,博巴尔的手下大开杀戒,奸淫掳掠。图恩瓦被告知,布劳和博巴尔原本相当友好,只是都爱好勇斗狠罢了。即使在我们身边,此类事件其实也屡见不鲜。

正是通过将理性与情感对立起来,通过将和平意愿与这种疯狂的突然爆发对立起来,各国人民成功地用联盟、礼物和贸易取代了战争、孤立和停滞。

因此，这就是我们在研究结束时可能发现的情况。社会已经取得了进步，因为他们自己、他们的亚群体，最后，他们中的个人，已经成功地稳定了关系，赠予、接受，最后给予回报。要交易，第一个条件是能够放下长矛。从那时起，他们不仅在部族之间，而且在部落和国家之间，尤其是在个人之间成功地交换了货物和人员。只有到那时，人们才学会如何创造共同利益，赋予共同满足，并最终在不诉诸武力的情况下对之予以捍卫。因此，氏族、部落和民族学会了对立而不必互相残杀，给予而不必牺牲自己。这就是在我们所谓的文明世界中，阶级、国家和个人将来也必须学习的东西。这是他们保持智慧和团结的秘诀之一。

除此之外，没有其他道德、任何其他形式的经济、任何其他社会实践可以做到这一点。布列塔尼人的传说《亚瑟编年史》(*Chronicles of Arthur*)[44]讲述了亚瑟王如何在一位康沃尔木匠的帮助下发明了宫廷中的奇迹——奇迹般的圆桌，骑士们坐在圆桌周围不再战斗。从前，"出于卑鄙的嫉妒"，最好的宴会往往在愚蠢的斗争、决斗和血腥的谋杀中结束。木匠对亚瑟说："我会给你做一张非常漂亮的桌子，一千六百多人可以围着它坐着，走动，没有人会被排斥在外……没有骑士能够参加战斗，因为在那里，上座与下座的地位相同。"不再有"上座"，就不再有争吵。无论亚瑟坐到哪里，他那高贵的同伴都保持着快乐和不可征服的状态。通过这种方式，今天的国家可以使自己强大、富裕、幸福、美好。人民、阶层、家族和个人能够变得富有，只有当他们学会像骑士一样坐在共同的财富宝库周围时才会感到幸福。在遥远的地方寻求善良和幸福于事无补。和平就在于组织良好的工作，在于集体与个人的恰当轮替，在于财富的积累和再分配，在于教育所传授的相互尊重和相互慷慨。

在某些情况下，我们可以研究作为整体的人类行为与社会生活。进而，我们还会发现，上述专门研究，不仅可以催生习俗学乃至部分社会学成果，甚至可以引发若干道德意义上的结论，或者更确切地说，可以重拾现在被称为"礼"（civility）、"义"（civics）这类传统话语。此类研究确实让我们能够感知、估测、衡量各种审美、道德、宗教和经济动机，以及各种各样的物质和人口因素,这些因素加总起来,成为社会的基础,构成了我们的共同生活。对这些动机与因素的有意识的指导,便是苏格拉底所说的最为高超的艺术——政治。

注　释

[1] *Essays*, 2nd Series, V.

[2] 参见 Koran, Sourate II, 265；参见 Kohler, in *Jewish Encyclopedia*, vol. 1, p. 465。

[3] William James, *Principles of Psychology*, vol. 2, p. 409.

[4] Kruyt, *Koopen*, etc. 引用了西里伯斯人（Celebes）的这类事实, p. 12 of the extract。参见 'De Toradja's…', *Tijd. v. Kon. Batav. Ges.* 43, 2, p. 299。将水牛引入牛栏的仪式；p. 296, 购买狗肉时，一部分一部分购买，还要在狗的食物中吐口水；p. 281, 无论如何都不能将猫出卖，但可以出借。

[5] 这项法律的根据，并非后续所有者所赚取利润的非法性原则。这项法律很少得到适用。

从这个角度研究苏联关于文学作品权属及其变更的立法就显

得颇有价值。首先，一切都被国有化了。后来人们意识到，这样做只会伤害活着的艺术家，无法为国家垄断的出版创造足够的资源。因此，苏联恢复了版税制度，即使是最古老的古典文本，包括那些已经进入公共领域的文本，以及那些可以追溯到保护俄国作家的平庸立法之前的文本，均被纳入其中。现在，据说，苏联已经通过了一项更为现代的法律。但对于这些问题，苏联人其实和我们一样，在道德问题上举棋不定，不知道到底应该保护何种权利，究竟是人的权利，还是物的权利。

[6] 皮鲁（Pirou）就曾说过一些这样的话。

[7] 不言而喻，我们并不支持废除相关法律。规范市场、买卖的法律原则是资本形成的必要条件，必须并且能够与新老原则共存。

然而，道德家和立法者不能在所谓的自然法原则面前裹足不前。例如，物权法与人格权法之间的区别只能被视为一种对人类某些权利的抽象理论提炼。应该允许相关法律继续存在，但必须确保其恰如其分。

[8] Roth, 'Games', *Bull. Ethn. Queensland* (28): 23.

[9] 在整个澳东地区，宣布所属氏族的地点是一种非常普遍的习俗，与名誉制度和名字固有的权力有关。

[10] 这是一个值得注意的事实，人们由此推测，婚约是通过

交换礼物签订的。

[11] Radin, 'Winnebago Tribe', *37th Annual Report of the Bureau of American Ethnology*, p. 320 ff.

[12] 参见 'Etiquette', in Hodge, *Handbook of American Indians*。

[13] P. 326. 较为特别的是，两位被邀请的首领均是蛇部落的成员。

可以将其与葬礼上的致辞加以比较，二者大同小异。Tlingit, Swanton, 'Tlingit Myths and Texts', *Bull. of Am. Ethn.* (39): 372.

[14] Rev. Taylor, *Te Ika a Maui. Old New Zealand*, p. 130, proverb 42, 大概意思为"给予和索取，一切都会好起来"，但可直译如下：马鲁给予得越多，马鲁接受得越多，甚好，甚好（马鲁是战争和正义之神）。

[15] M. Bucher, *Entstehung der Volkswirtschaft*, 3rd edn, p. 73. 我们发现了这些经济现象，但低估了它们的重要性，把其归结为好客。

[16] *Argonauts*, p. 167 ff.; 'Primitive Economies', *Economics Journal*, March 1921. 参见 the Preface by J. C. Frazer to Malinowski, *Argonauts*。

[17] 我们可以举出的一个极端例子，便是切诺基人的狗牲

(参见 Ch. 1, n. 52, p. 94)。可能会出现下列情况：拥有最优良犬只的主人屠杀了自己全部的雪橇犬，最后不得不购买新的雪橇犬队。

[18] 参见 p. 44 ff。

[19] 参见 Ch. 1, p. 18; Ch. 2, n. 233, p. 131。

[20] Malinowski, *Argonauts*, p. 95. 参见 Frazer, Preface to Malinowksi's book。

[21] *Formes élémentaires de la vie religieuse*, p. 598, n. 2.

[22] Digesta, XVIII, 1, De. Contr. Emt. 1. 保卢斯（Paulus）向我们解释了谨慎的罗马人之间关于置换是否为"出售"的大辩论。整段文字都很有趣，甚至连这位博学的法学家在解释荷马时所犯的错误也很有趣; II, VII, 472-5：这确实意味着"购买"，但希腊货币的形式包括青铜、铁器、皮革，甚至牛只和奴隶——所有这些都有固定的价值。

[23] *Pol.*, Book 1, 1257 a. 10 ff; note the word ibid. 25.

[24] 我们也可以选择阿拉伯语中的"萨达卡"（*sadaqa*）：施舍、彩礼、正义、税收。参见 p. 16。

[25] *Argonauts*, p. 177.

[26] 非常值得注意的是，在这种情况下，并不存在出售，因为没有交换作为货币的"伐乙古阿"。

特罗布里岛居民自力更生的最高形式的经济并没有达到使用货币进行交换的程度。

[27]"单纯赠予"。

[28] P. 179.

[29] 这个概念是指支付未婚女孩合法卖淫的费用;参见 *Argonauts*, p. 183。

[30] 参见 Ch. 2, n. 89, p. 106,"萨迦力"一词意味着分配。

[31] 参见 Ch. 2, n. 89, p. 107,特别是赠予姐夫或妹夫的"乌里古布"——用作物换取劳力。

[32] 参见 Ch. 2, n. 86, p. 106(wasi)。

[33] "毛利人"。劳动分工(以及它在齐姆希安人之间的节日中的运作方式)在一个关于"波特拉奇"的神话中得到了令人钦佩的描述,Boas, 'Tsimshian Mythology', *31st Annual Report Bur. Am. Ethn.*, pp. 274, 275;参见 p. 378。这类例子可以无限增加。这些经济机制确实存在,即使在极度不发达的社会中也是如此。例如,在澳大利亚,一个拥有红赭石矿床的原住民群体的显著情况〔Aisont and Home (1924) *Savage Life in Central Australia*, London, pp. 81, 130〕。

[34] 参见 Ch. 2, n. 29, p. 100。在日耳曼语系中,"标记"(token)和"记号"(Zeichen)这两个词在一般意义上等同于货

币,保留了相关机制的痕迹:作为符号的货币,货币所承载的标志意义以及承兑的宣示,与一个人签名意味着他将承担责任如出一辙。

[35]参见 Davy,'Foi jurée', p. 344 ff.；戴维对这类事实的重要性有所夸大('Des clans aux Empires', *Eléments de Sociologie*, 1)。"波特拉奇"有助于确定等级,而且经常做到了这一点,但它并非必不可少。在非洲社会中,比如说尼日尔人或班图人的社会,"波特拉奇"要么从未有过,要么极不发达,要么已经衰亡——然而,这些社会具备所有可能的政治组织形式。

[36]*Argonauts*, pp. 199–201；参见 p. 203。

[37]Ibid, p. 199. 在这篇咒语中,"山"一词指的是当特尔卡斯托群岛。这艘船将会在从"库拉"带回的商品的重压下沉没。其他咒语参见 p. 200,文本与评论, p. 441；参见 p. 442,存在一个被称为"沸腾/起泡沫"的精彩语言游戏。参见 formula, p. 205。参见 Ch. 2, n.257, p. 136。

[38]对于本研究贡献最多,同时也是本书作者亲自研究过的区域,非密克罗尼西亚莫属。在那里,特别是"雅普"(Yap)和"帕劳斯"(the Palaos)存在着一种极其重要的货币和契约制度。在印度支那,特别是在阿萨姆地区的高棉人(Mou-Khmer)以及藏缅人(Thibeto-Birmans)中间,也存在这类机

制。最后，柏柏尔人发展了颇为值得一提的"豪萨习俗"（参见 Westermarck, *Marriage Ceremonies in Morocco*）。比我们能力更胜一筹的杜特和莫尼尔专门着手研究这一事实。古老的闪族法律，如贝都因习俗，也将提供珍贵的参考文献。

[39] 参见特洛布里安人的"库拉"中的"美的仪式"：Malinowski, p. 334 ff., p. 336："对方伙伴看到我们，看到我们仪表堂堂，就向我们扔'伐乙古阿'"。图恩瓦关于将货币作为装饰品的使用，参见 *Forschungen*, vol. 3, p. 39；参见 p. 35, the expression *Prachtbaum*, vol. 3, p. 144, lines 6, 13；p. 156, line 12 指定一个男人或女人身上挂满所谓的货币。在其他地方，首领被指定为"招财树"（vol. 1, p. 298, line 3）。在身上装饰货币的人同样散发出芬芳的香味（vol. 1, p. 192, line 7；lines 13, 14）。

[40] "婚姻市场"（Fiancée market）；节庆、"节日"（*feria*）、集市的概念。

[41] 参见 Thurnwald, ibid, vol. 3, p. 36。

[42] *Argonauts*, p. 246.

[43] *Salomo Inseln*, vol. 3, *Table* 85, n. 2.

[44] Layamon's *Brut*, line 22736 ff.；*Brut*, line 9994 ff.

图书在版编目(CIP)数据

礼物/(法)马塞尔·莫斯著；李立丰译. —北京：北京大学出版社，2022.8
ISBN 978-7-301-33179-8

Ⅰ.①礼… Ⅱ.①马… ②李… Ⅲ.①礼品—研究 Ⅳ.①K891

中国版本图书馆 CIP 数据核字(2022)第 144105 号

书　　名	礼　物 LIWU
著作责任者	〔法〕马塞尔·莫斯　著　李立丰　译
责任编辑	柯　恒
标准书号	ISBN 978-7-301-33179-8
出版发行	北京大学出版社
地　　址	北京市海淀区成府路 205 号　100871
网　　址	http://www.pup.cn　http://www.yandayuanzhao.com
电子信箱	yandayuanzhao@163.com
新浪微博	@北京大学出版社　@北大出版社燕大元照法律图书
电　　话	邮购部 010-62752015　发行部 010-62750672 编辑部 010-62117788
印 刷 者	涿州市星河印刷有限公司
经 销 者	新华书店 850 毫米×1168 毫米　32 开本　10.25 印张　156 千字 2022 年 8 月第 1 版　2022 年 8 月第 1 次印刷
定　　价	59.00 元

未经许可，不得以任何方式复制或抄袭本书之部分或全部内容。
版权所有，侵权必究
举报电话：010-62752024　电子信箱：fd@pup.pku.edu.cn
图书如有印装质量问题，请与出版部联系，电话：010-62756370